エジソン・アインシュタインスクール協会代表
鈴木昭平

ダウン症児こそ大学院をめざせ!

ダウン症をここまで改善させるEEメソッドの秘密

KKロングセラーズ

はじめに

ダウン症は、早い時期に改善指導に取り組めば取り組むほど、症状は軽くなります！

私が初めて指導したダウン症の男の子は立派に成人して大手企業の準社員として活躍！

私たちエジソン・アインシュタインスクール協会が提唱している改善メソッドは、ダウン症や自閉症、ＡＤＨＤなど症状は違えども、共通してやっていただくのは、

①親の意識改革
②体質改善（血液の質を変える）
③超高速入力

の三本柱です。

ダウン症は二一番目の染色体異常による生まれつきの疾患ですが、ホルモン分泌に

異常が見られ、**学習ホルモンの分泌が弱い**という特徴があります。そのため学習の効率が下がり、健常児と比べて脳の神経回路の形成に差が出て、それが知性の差となって現れるのです。

ということは、**学習ホルモンを増やしてあげればいいのです**。そのためには、前記の三本柱に取り組んでもらう必要があるのです。

ダウン症は他の発達障がいと違って、早い時期に発見されます。気づいた時点で、できるだけ早い段階で、改善指導に取り組むことができます。

やるのは、子どもではありません。「親」です。お子さんが将来、社会適応できるように、親御さんが指導者となって家庭で改善指導に取り組んでいただければ、症状は軽くてすみます。

今回、ご紹介するダウン症児さんの事例も、ポイントは「早期に改善指導に取り組んだ」点にあります。だからこそ、症状は軽くなり、「限りなく健常児に近い状態」まで成長することができたのです。

ダウン症は「鈍感」でなく「敏感」。理性を使えない分、五感をフルに使うから

ダウン症のお子さんは反応が遅かったりすることから、「鈍感」だと思っている方もいますが、実際はとても「敏感」です。**理性を使えない分、感性をフルに使うため五感が研ぎ澄まされているのです。**

一番身近にいる親御さんには、わかっていることだと思いますが、学校の教師がそのことに気付いていないケースが多いのです。

そして、ダウン症のお子さんを持つ親御さんは、皆さん、「天使のようにやさしい子です」とおっしゃいます。個性が豊かで感性も優れています。

私は協会を訪れるダウン症を持つ親御さんに、お子さんには高校、大学、その先の大学院まで進んでほしい、と常々言っています。

実際、私が初めて障がい児教育に携わった二〇数年前、一番最初に指導したダウン

症の男の子は立派に成人して、今は大手企業の準社員として活躍しています。

どんな状態であれ、私どもの協会のメソッドに取り組めば、お子さんは必ず社会化します。**将来、社会に貢献できる人材に育てられるのです。**

そのためには、まず**「我慢の回路」**と、**「自信の回路」**を作ることが大切になります。その回路を作るのは、親御さんです。

親が最後まで諦めずに、お子さんと向き合い、可能性を信じ切ることです。

それができるのは、お子さんのもっとも身近にいるご両親が最適任者です。

「我が子を社会に貢献できる人間に育てる」そのために親が子どもを家庭で指導する！

小学校入学を迎えるお子さんにとって、普通級へ行くか、支援級に行くか、はたまた支援学校に行くかはその先の人生を決める重要なテーマです。

基本的には親が「普通級で学ばせたい」という強い意志があれば学校側は親の意志

を尊重することになっています。しかし、そのためには、教室でじっと座っていられる、みんなと一緒にやれる、という前提が大事になってきます。

学校関係者も、ダウン症の改善事例を知らない場合がほとんどです。

お子さんの状態、可能性を一番知っている親御さんが、最後まで諦めず、お子さんに最適と思える学校を探し、交渉し、更にお子さんの可能性を開花できる場で学ばせてあげることが将来、社会に貢献できる人間に育てる第一歩につながるのです。

大事なのは「マイナス二歳からの子育て」胎教で障がいのリスクを減らすことができる!

ダウン症のお子さんの成長ホルモンを出させるために効果的なのは、**たくさん触れて、スキンシップをはかることです。**これはいくらやっても、やり過ぎることはありません。

ダウン症児の場合、生命力が弱く、成長ホルモンの分泌が不安定です。生まれつき心臓に穴があいているなど身体面でも不完全なケースがあります。

年々、高齢結婚、高齢出産の比率は高まっています。**高齢で出産すると、ダウン症の出生確率が統計的に飛躍的に高まる**ことも知られています。

高齢出産時代の障がい児リスクを減らすのに最も効果的なのは、受胎する年の一年前から**母体の血液浄化**につとめることです。このことは私の著書『マイナス二歳からの子育て』（ＫＫロングセラーズ）に詳しく書いてあります。

万一、お腹にいる子どもに障がいが見つかったら、すぐに胎教をはじめてください。胎教でお腹の子に「すっかり障がいを治して生まれてきます」と語りかけると、本当にその通りに障がいを治してお子さんが生まれてきた、というケースも実際にあるのです。

エジソン・アインシュタインスクール協会

代表　鈴木昭平

ダウン症児のわが子を県立の普通高校に合格させた母の記録

――田原靖子さん（お母様・五九歳）
エジソン・アインシュタインスクール徳島校校長

羊水検査を希望するも医者は「大丈夫」としかし、生後一カ月でダウン症と診断されて……

私は現在一六歳の高校生になる女の子の母親です。我が子は生後一カ月でダウン症と診断されました。

妊娠中、私は「高齢出産なので、羊水検査をしてほしい」と伝えましたが、医師は「羊水検査はリスクがあり、流産する可能性もある。今、胎児は元気なので様子をみていきましょう」と言われました。

臨月まで母子ともに元気でしたが、出産予定日の二週間前、突然出血。帝王切開になり、不安が襲いました。

出産後、すぐには子どもと対面できず、何となく医師や看護婦の雰囲気が違っていました。生まれた次の日の夕方、子どもと対面。小さな足、小さな手、すべてがかわいく愛しさを実感しました。

まだダウン症かどうかも判断がつかず、ただ、一生懸命生きようとする姿がそこにありました。

私が「ダウン症じゃないですか?」と聞くと、看護師は「検査しないとわからない」と。その時、医師と看護師はすでにわかっていたのだと思います。私は一人不安と苦しみの中にいました。

我が子はそのまま検査入院。私は本屋に立ち寄っては、ダウン症のことを調べましたが、何一つ良いことは書いてありません。私は絶望的になりました。これからどのように我が子を育てていけばいいのか、どのように育つのか、イメージすらできなかったのです。

出来る限り「この子の障がいを軽くし、健常に近づけていこう」と闘志が湧く

退院後、家に来てくれた保健師に、「ダウン症で高校に行った子どもは何人いますか?」と聞いたところ、「高校へ行けなくても、この子に合った教育をすればいいのでは」と言われました。

私は我が子を健常児と同じように育てていこうと決意しました。

「羊水検査をしなくても、きっと大丈夫」と言った医者。「障がいを持って生まれた子どもよりも、そんな子を育てていかなければならないあなたが大変でかわいそう」と言った看護師。生まれた時から顔を見せなくなった医者。私は傷つき、すべて信じられなくなりました。

だからこそ私が、できる限り、我が子の障がいを軽くし、健常に近づけていこうと闘志がメラメラと湧いたことを覚えています。

「かわいそうな子」と思いながら育てないこと できなくても「できる」と声がけをする

ダウン症は筋肉がつきにくいという特徴がありますが、四カ月で寝返りをした時には感動しました。月二回、筋肉の強化、歩行訓練に通ったおかげで二歳の誕生日にはトコトコと歩いていました。

一歳二カ月頃、立ち上がろうと一生懸命努力し続けている姿を見て、私の母は「こんなに立ち上がろうと練習している子は見たことがない。悩んでる暇があるなら、この子に何でもできるようにしてあげることがあなたの仕事」と言われました。

母や叔母が私を叱咤激励してくれました。

「かわいそうだと思いながら育ててはいけない。子どもは『自分はかわいそうな子なんだ』と思って育ってしまう。できないことがあっても『できる』と言ってあげなさい。洋服はカラフルなものを着せて、色彩感覚を養いなさい」と、いつもプラス思考の子育てを教えてくれました。

小学校は普通級へ進学するも、「学校はなぜこんなに大きいの？寂しい」と泣いた娘

「障がい児」としてでなく「普通の子」として育てようと思っていた私は、三歳で保育所に、その後二年保育の幼稚園へ行かせました。

保育所では、「あれも、これもできない」と要求されることが多く、私は仕事を辞めました。

その時から私は、「母親と指導者」の二役をしなければならなくなりました。

体の弱い娘に夏はプール、冬はエアロビクス、五歳で体操教室に通わせ、ピアノを習わせました。

小学校に入学する時には、ひらがな、数字、読み書きはできるようになっていましたが、発達は遅れていて、支援学校か普通の小学校か選ばなければなりませんでした。

普通教育を受けさせるために、「健常児と多く触れあえる、マンモス校でない、学校長が障がい児に理解がある」を条件に、三校見学に行きました。

選んだのは、我が子にとって一番厳しいであろう学校で、幼稚園の友達とも離れなくてはなりませんでした。我が子にとって、誰も知らない、三五人の子どもたちのいる教室に入ることは、毎日が緊張の連続でした。

ある時私に、「学校はどうしてこんなに広くて大きいの？　寂しい」と泣きながら言いました。私はただ抱きしめてやるしかありませんでした。

障がいを持っている子どもを差別し、偏見を持っているのは教師である、と実感

言葉も十分ではなかったけれど、友達ができ、少しずつ学校に慣れていきました。親としてできることは、学校と密になり、情報が届くようにＰＴＡを続けることでした。

結果、わかったことは、

「先生にすべておまかせしてはいけない」ということでした。

支援級ではある日、先生に「二年生で習う漢字、全部教えるのですか？　しんどくないですか？」と言われました。信じられない言葉でした。我が子は漢字を覚えることが得意なほうです。

しんどいからといって覚えなくていいのであれば、健常児でも同じこと。先生が偏見を持つことで、子どもは心を閉ざしてしまうのです。

三年生では、理科の実験が危ないと、支援級へ行かされそうになりました。我が子は多動もなく、危ないことはしません。納得できず、先生に抗議すると、「ではお母さん、見ていてください」と言われました。社会科でも同じように言われました。私は我が子の椅子の横で正座をし、一緒に授業を受けました。

確かにできないこともありましたが、板書もでき、逆に他の生徒をフォローすることもありました。

実際は障がいを持っている子どもを差別し、偏見を持っているのは教師であると実感しました。しかし教師は、そのことに気がついていないのです。

中学への進級で悩んだ時に鈴木先生と出会い、メソッドを開始
ほぼ毎日を普通級で過ごす

いじめられたこともありました。ある日、仲良しの子にランドセルの留め金を外さ

れ、「お辞儀をして」と言われました。

当然かばんの中に入っている教科書、筆箱は外に散らばります。それを、何回かやらされたのです。

ある日、我が子は、かばんを背中から下ろして、中のものを思いっきり外に出し、ランドセルを投げつけたのです。ダウン症児は「天使の子」と言われるくらい性格が穏やかで我慢するといわれていますが、我が子が、友達に対してそのような行動をとるのを見て、私は感激しました。

「成長している」と、嬉しかったのです。

六年生になって、このまま中学に行けるかどうか不安だった私は、初めて鈴木先生とお会いしました。

そこから先生のメソッドを取り入れ、励まされながら、中学校三年間を過ごしました。中学校は、国・数・社・理・英・音楽の教科を普通級で受けました。ほぼ毎日普通クラスでいる時間の方が長く、学校生活を楽しんでいました。

障がいの子でも、可能性を信じ働きかけることで成長し続けられる！

我が子にとって小、中学校を健常児と一緒に過ごしてきた道は、努力のたまものでした。

中学の学年集会で進路を決める話を聞いて、「私も高校に行きたい」という気持ちが高まったようです。

高校受験という高いハードルを乗り越えた我が子は、高校生になって一段と成長しています。

今は携帯電話でメールや電話をしたり、朝は携帯のアラームで自ら目を覚まし、支度を整えます。味噌汁をわかし、冷蔵庫から大好きな梅干しやお豆腐を出して食べる日もあります。

塾では冗談を言って、友達を爆笑させています。カラオケでＡＫＢの歌を歌い、テレビ番組を楽しみ、私が知らないことを教えてくれるほどです。

生まれた時、この姿を誰も想像できませんでした。

もしこの姿を想像できたなら、我が子が誕生した時、不安や心配もせず、喜びに満ち溢れた毎日を過ごせていたと思います。

障がい児を普通教育で育てていくには、親のしっかりした考えが必要です。我が子の可能性を信じ、雨にも負けず、風にも負けずの精神を持たねばなりません。教師だけに頼らず、親が教育指導していくと心に決める必要があります。

親の愛が子どもを成長させ、子どもが親を成長させるのだと感じます。

「障がいがあるから」と決めず、普通の子として育ててあげてほしいのです。

子どもの可能性を信じ、子どもに働きかけることで、子どもは成長し続けられます。

それが早ければ早いほど、早く改善に向かわせるのです。

現在エジソン・アインシュタインスクール徳島校に来ている子どもたちも、どの子も改善に向かっています。

我が子も含め、鈴木先生のメソッドが、障がいを持っている子どもたちをいち早く救う方法だと実感しています。

目次

はじめに――ダウン症は、早い時期に改善指導に取り組めば取り組むほど、症状は軽くなります！……1
●私が初めて指導したダウン症の男の子は立派に成人して大手企業の準社員として活躍！……1
●ダウン症は「鈍感」でなく「敏感」。理性を使えない分、五感をフルに使うから……3
●「我が子を社会に貢献できる人間に育てる」そのために親が子どもを家庭で指導する！……4
●大事なのは「マイナス二歳からの子育て」胎教で障がいのリスクを減らすことができる！……5

ダウン症児のわが子を
県立の普通高校に合格させた母の記録
一六歳高校生の母親

●羊水検査を希望するも医者は「大丈夫」と
しかし、生後一カ月でダウン症と診断されて……7
●出来る限り「この子の障がいを軽くし、
健常に近づけていこう」と闘志が湧く……9
●「かわいそうな子」と思いながら育てないこと
できなくても「できる」と声がけをする……10

● 小学校は普通級へ進学するも、「学校はなぜこんなに大きいの？　寂しい」と泣いた娘……11
● 障がいを持っている子どもを差別し、偏見を持っているのは教師である、と実感……13
● 中学への進級で悩んだ時に鈴木先生と出会い、メソッドを開始……14
ほぼ毎日を普通級で過ごす
● 障がいの子でも、可能性を信じ働きかけることで成長し続けられる！……16

第一章 ダウン症児・染色体異常がここまで改善した！

トレーニングセミナーを受けてわずか二カ月で、「ママ」と呼んでもらう夢がかなった！
健常児に近い状態まで成長しています！

四歳児の母親

出産した翌日「ダウン症」と診断され……
驚きと悲しみの中、「ごめんね」と謝り続けた……34

この子が大きくなった時、どの時期を振り返っても
愛された記憶しかないくらいに育てようと決意……36

母乳、食事、子どもとの向き合い方……
おばあちゃん先生から大事なことを教わる……38

食事は和食が基本で偏食もなく
夜九時に眠ると朝までぐっすり……39

「この子は何でもわかっている」
だから、人の悪口を言ったり泣いたりしないと決意……41

暗示は、実は自分自身にかけていた言葉
「この子が生まれてきてくれて本当に良かった」……42

親子面談を受けた後、療育で「まるで別人
のように変わりましたね！」と驚かれる……44

トレーニングセミナーを受けて、わずか一カ月で
夢だった「ママ」と呼んでもらえた！……46

息子には「ダウン症」とは伝えずに……
限りなく健常児に近いところまで成長を実感……48

障がいの有無にかかわらず、この先、
どんな人生になるか誰にもわからない！……49
小学校は普通級を目標に！
こんな頑張り屋さんを諦めさせる訳にはいかない！……50
エジソンのメソッドに取り組んで、言葉が出始めると
さらに落ち着きが出てきた……51
「子どもは親の言っていることがわかっている」
障がいの有無に関係なくその前提で向き合う……52
大事なのは「この子をどう育てたいか」
将来は社会に貢献できる人間に育ってほしい……54
「転ばぬ先の杖」をもらったエジソン・アインシュタインスクール協会
出会えて本当に良かった！……55

成長がゆっくりといわれるダウン症ですが、エジソンのメソッドで急速に成長。感謝しても、しきれません！

六歳児の母親

生後二週間でダウン症と診断されるも、普通の子と同じように色々と経験させる……56

自分の思い通りにならないと頭を床にぶつけるなどの自傷行為が……59

「トイレでおしっこができます」の暗示で、わずか二〜三カ月でトイレトレーニングに成功！……60

「どうしたら社会に迷惑をかけない子に」でなく、「どうしたら社会に役に立つ子に」育つか？……62

我が子を「ダウン症」と思って育てなかった娘にとって最もふさわしい学校を選びたい！……64

「騙されてもいい」。ハラをくくってエジソン・メソッドに取り組んだ結果、本当に良かった！……65

ダウン症は、取り組めば、取り組んだ分だけ成長します！我が子を伸ばせるのは「親」だけ。

五歳児の母親

出産後、「ダウン症の可能性」を指摘され「何かの間違いでは？」と信じられず……67

成長のスピードがゆっくりなダウン症 年少頃からお友達との「差」を感じ始める……68

「この子は大学まで行けますよ」鈴木先生の力強い言葉に希望をもらう……70

行動、言語面でも確実な成長を感じる今、三語文も出て自分の感情を説明できるように……71

取り組めば、取り組んだ分だけ成長する！ 小学校は通常学級を目指して……73

鈴木先生とエジソン・アインシュタインスクール協会に出会えて良かった 将来、社会の役に立つ人間に育ってほしい……74

ダウン症は、早期発見し、早期に取り組めば取り組むほど、必ず成長します！

六歳児の母親

生後五カ月で染色体検査、ショックと共に「早くわかって良かった」との気持ちが交錯……77
ダウン症とわかってからは、地元の福祉センターへ母子入所、二歳半まで続く……79
母から鈴木先生の本を渡される鈴木先生の親子面談での驚き……81
エジソンのメソッド取り組み直後、トイレ・トレーニングに成功口にする単語はものすごく増えた……83
「糖鎖」を乳酸菌飲料に入れて飲ませると確実に顔つきの変化があらわれる……85
就学時検診で「特別支援学級」との通知教育委員会にお願いの結果、二月に「普通級」へ……87

✿普通級でしか学べないことを学んでほしい
目標は社会で自立……90
✿「泣いていてはできるようにはならない。
あなたにできるようになってほしいから厳しくしているんだよ」……92
✿目標は高く持ってください
積極的に外へ、外へ連れ出して……95

管理栄養士の私が常識を捨てエジソンのメソッドを始めたら、子どもが変わった！
五歳児の母親

✿生後三カ月で染色体異常と診断され……
知的・運動面での遅れを宣告される……98
✿目も合わない、何を考えているのかわからない
この先、「犯罪を犯してしまうのでは」と恐怖に……100
✿熱を出しながらも立派にこなした運動会！
「こんなにできるなんて」と先生が泣いた……103

他のお母さんの言葉で「食を極めよう」と決意
子どもに必要な栄養素を意識した献立に……105

「腸をいかに整えるか」に取り組んだ結果
便秘・下痢も治って、いい状態のうんちに……107

「一生歩けないのでは」と心配した我が子
山道を三キロも走れるようになった！……109

やってきた停滞期。子どもの「小さな変化」を
見落としていたので「やれないし、やりたくないのは当然」だった……110

ペアレントカウンセラー養成講座を受けて
自分の中のやる気にスイッチが入った！……113

フラッシュカードが好きになって言葉のイメージが深まり、
文章の意味が理解できるようになった……114

ペアレントの養成講座での仲間の存在に励まされる
「子どもの態度をよく観察する」という原点に気づけた……116

子どもの将来がまったく見えずに
一度は「死」を覚悟したことも……
……118

✡この子が理解してもらえるように情報をオープンにしています……120
✡何もやらない限りは改善はありませんが、やれば必ずいつかは芽が出ます！……121

第二章 ダウン症・染色体異常を改善させるエジソン・アインシュタインメソッド（EEメソッド）

★ダウン症を改善させる、という概念がないのが現代の常識……125
★脳の神経回路を増やせば「知性豊か」となり、ダウン症特有の表情も変わる……127
★改善メソッドを実践してみよう！……131
★改善指導を始めてから変化が現れるまでは約四カ月……134
★ダウン症の子どもの可能性を伸ばすための三つの柱……136

第三章 ダウン症改善の柱① 親の意識改革

★「ダウン症児が健常児なみに改善することはありえない」という常識を変える……143
★子どもとのスキンシップの重要性……147
★子どもをよく観察する。子どもの可能性を見つけ、伸ばせるのは、親だけです……150
★夫婦が協力して子どもに向き合う。まずは家庭のパワーをあげる……153
★親同士がお互いに褒めることが習慣化すると、子どもを褒める回数も増える、子どもが劇的に伸びる……155
★お父さんの仕事はお母さんを笑顔にすること……158
★笑顔は、何よりもお子さんにとっての最強のサプリメント……160
★「ありがとう」は魔法の言葉……161
★お子さんを気絶するほど褒めてください……163

第四章　ダウン症（染色体異常）改善の柱②
お子さんの体質改善！
★ダウン症・染色体異常は学習ホルモンの分泌が弱い……
★これを改善することがカギ……171
★左脳の神経回路が増えると、ダウン症特有の表情が変わる！
——キャシーちゃん（仮名）、愛乃ちゃんの驚くべきお顔の変化……174
★体質改善のポイント。血液の質を高めること、血流をよくすること……177
★小腸をきれいにすることが栄養吸収に最も大切……180

第五章　ダウン症（染色体異常）改善の柱③
『超高速「楽」習法』で短時間に楽しく学習する
★人間は神様じゃない……184
★地球の未来を考えることができるのは人間しかいない……185
★今、なぜエジソン・アインシュタインスクール協会なのか……186

★教育の再定義＝大脳における神経回路の形成……189
★神経伝達物質（アセチルコリン）が不足すると脳は動かない……192
★糖鎖もないと神経回路はつながらない……193
★家庭こそ奇跡の学校……194
★ダウン症児は学習が苦手＝染色体異常による学習ホルモン分泌の不足が原因だった！……196
★強いストレスを感じることによる脳の炎症＝脳のアレルギー反応……197
★左脳と右脳をつなぐ脳梁がカギ……198
★魚の油（EPAとDHA）で脳の炎症が消える……199
★「超高速楽習」は感覚が敏感過ぎる子どもに対する学習法……201
★超高速学習カードで情報をどんどん入力できる……203
あとがき——ダウン症児を大学院に進学させる親の会が発足しました……205
福永篤先生からのメッセージ……205

第一章
ダウン症児・染色体異常がここまで改善した！

◆清水豪くん（四歳、仮名）

トレーニングセミナーを受けてわずか二カ月で、「ママ」と呼んでもらう夢がかなった！健常児に近い状態まで成長しています！

――清水香里さん（お母様、四五歳、仮名）

出産した翌日「ダウン症」と診断され……
驚きと悲しみの中、「ごめんね」と謝り続けた

帝王切開で息子を産んだのですが、出産した翌日、先生から「ダウン症」と診断されました。妊娠中、異常はなく、途中経過で何か異常があれば心の準備もできたと思うのですが、あまりに唐突だったので、それを聞いた時は、驚きと信じられない気持でいっぱいでした。そして、とても悲しかったのを覚えています。

けれど、その悲しみも、子どものために悲しいのであり、自分のために悲しむのだけはやめようと思いました。ひたすら子どもに対して「ちゃんと生んであげられずにごめんね」と謝り続けました。

そんな私を見て、何よりお医者さんがビックリしていました。私自身、意外にも時間の経過とともに落ち込むというよりは、さっぱりと「そうなんだ」と事実を受け入れたように思います。

生まれてきた顔を見ても、ダウン症特有の顔つきも目立たなかったので、他の子と比べて特別何か違う、という実感もなく、そう言われれば「そうかな？」と感じる程度でした。

病院の新生児科の先生に、障がい児に詳しいご高齢の先生がいらっしゃいました。

実は、私が出産したその日に、たまたまこの先生が病棟で新生児検診をされていたそうです。

生まれた私の子どもを見た主治医の先生は、「もしかしてこの子はダウン症では……」と思ったものの、ご自分でははっきり判断がつかず、偶然、居合わせたこのご高齢の先生のところへ診てもらいに行ったそうです。

そこで、障がい児に詳しいこの先生が「ダウン症です」と診断されました。主治医の先生も「僕だけではわからなかった」というほどでした。

息子は今、四歳になりましたが普通の幼稚園に通い、まったく問題なく過ごせている状態です。


この子が大きくなった時、どの時期を振り返っても愛された記憶しかないくらいに育てようと決意

ダウン症の診断を受けてから一週間ほどして、私や家族に対して先生が「ダウン症」

について一時間半ほど講義をしてくれました。

例えば筋肉がつきにくい、顔つきはこんな感じ、知的に弱いところがあり、成長はゆっくりだけれども、高校を卒業する学力くらいまでは普通に育つこと、身体が弱いので身体面を強くすることが大事、といったことを教えてもらえました。

私自身、子どもの障がいのことで泣いたり、事実を受け入れられない母親にはなりたくありませんでした。この子にとって何をするのがいいのか、何がしあわせかをいち早く考えるようになりました。

自分を責める気持ちもありましたが、私の場合、考え方の切り替えが意外に早くできたので、泣いている時間はありませんでした。

正直、「大変」というよりも「よし来た！　受けて立とう」という気持ちでした。

この子が、この先、五歳一〇歳になり、いつか大人になった時、どの時期を振り返っても、「自分はものすごく愛されて育った記憶しかない」と感じられるような人間に育てようと決めました。

母乳、食事、子どもとの向き合い方……おばあちゃん先生から大事なことを教わる

うちの子は母乳で育てましたが、産婦人科で母乳育児を推進している先生を紹介してもらって、母乳の出るマッサージの仕方や、いい母乳のために油っこいものやお肉を食べないなど食事面でも厳しく指導されました。

その先生は、障がいのある子に対しては、二回目以降は無料で診察する、と言ってくれましたので、お言葉に甘えて私は毎日のように通いました。

この先生は九〇歳くらいのおばあちゃん先生でしたが、食生活の大切さに加え、子どもの目をきちんと見て話しかける、テレビや携帯はダメ、など基本的なことを色々

と教えてくれました。

大事だとわかっていながら実際できないことも、毎日のように言われると、やれるものです。お肉や油ものを控えて、白砂糖や洋菓子も食べないようにしていました。

本当に周囲の先生方に恵まれていて、皆さんと手をつないで子育てを応援してもらっているような気持ちになります。

お陰様で息子はまったく病気知らずで、幼稚園でインフルエンザが流行っても問題ないほど丈夫に育っています。

食事は和食が基本で偏食もなく夜九時に眠ると朝までぐっすり

食事は和食がベースで、お肉も食べます。野菜はあまり好きではありませんが、偏食はほとんどなく、何でもまんべんなく食べる方です。

牛乳については、家では極力飲まないようにしていて豆乳で代用していますが、幼稚園で出されたものについては飲ませています。

普段、家での食事が和食中心なので、小麦粉については特別、除去していません。パンもたまに食べる程度です。洋食はもともと好まないのと、お菓子の類は一切食べません。

子どもの状態で、特別に何か困った、ということは浮かびません。基本的に夜泣きもせず、夜九時に寝ると朝七時までぐっすり眠っています。

夏は朝五時くらいに起きるのですが、目が覚めても私のことをすぐには起こさず、一人遊びしているのです。ひとしきり遊んで、一時間くらいしてようやく私のことを起こします。

本当に我ながらよくできた息子だと思います。うちの祖母も言うんです。「こんなお利口さんな子は見たことがないね」と。一人遊びもできるし、おとなしく本を読むのも好き。幼稚園に行っても本さえあれば落ち着いているそうです。

「この子は何でもわかっている」だから、人の悪口を言ったり泣いたりしないと決意

うちの場合は自閉症の様子もなく、人懐っこくてみんなからも可愛がってもらえています。幼稚園でも先生に問題を指摘されることはありません。

もちろん、成長面ではあらゆるところで「ゆっくり」です。言葉が出るのが遅い、食べたり飲んだりの食事も遅い。

それでも、今は二語文、三語文が出て、「ママ、ヨーグルト食べたい」など、自分の要求を伝えることができるようになりました。

こちらの言うことは、ほぼ理解できていて、指示もだいたい通ります。日常生活で困らない程度の会話ができています。

私は、この子は最初から「何でもわかっている」と思って話しかけてきました。だから子どもの前で人の悪口を言ったり、泣いたりもしませんでした。この子にはすべてお見通しだと思って接してきました。

この子がこの先、大きくなって自分自身を振り返った時、「どのページを見ても自分は幸せだった。どこをめくっても愛されていた」と思えるよう、全力で育てようと心に決めたのです。

暗示は、実は自分自身にかけていた言葉
「この子が生まれてきてくれて本当に良かった」

玄関を上がればきちんと靴もそろえるし、扉を閉めたり、テレビも電気も消します。自分なりに、いる場所によってふるまい方も変えていて、幼稚園ではお友達に手を引っ張ってもらったり、可愛らしいところを出すんです。

今でも一週間に一度、療育の訓練に行っているのですが、「ここではおとなしくした方がいい」「ここでは元気いっぱいにふるまっていい」など、自分なりに「場の空気」を読んで行動しています。

療育手帳も持っていますが、症状としては区分でB1の一番軽い程度です。

暗示の言葉は、子どもにかけているようで、実際、私自身にかけていたのかもしれません。「私はありのままの私でいいのだ」と。何よりこの自己肯定感が大切だと思います。

この子が私の元に来てくれたお陰で私自身、周囲の人々から信頼されている感が強くなってきました。私がこの子と向き合い、この子を育てている姿を見て、他人が私のことを信頼してくれるようになったのです。

私の姿、子どもが育っていく姿を見て、人が判断してくれたのだと思います。本当にこの子が生まれてきてくれて良かった、とつくづく思います。

親子面談を受けた後、療育で「まるで別人のように変わりましたね！」と驚かれる

エジソン・アインシュタインスクール協会に出会ったきっかけは、新聞の広告で鈴木先生の本を知ったことでした。ちょうど同じ療育に通っている親御さんがエジソンのメソッドをやってみよう、と話しているのを聞いて……。

その後のことは聞いていないのですが、身近なところで「エジソンの改善指導をやっている人がいるんだ」と思いました。

親子面談を受けたのは二〇一三年一二月で、その時、うちの子がフラッシュカードの正解を当てまくったので、「これは‼」と、とてもビックリしたのを覚えています。

我が子ながら「この子の能力は一体、何なんだ」と、思いました。迷わず「エジソンのメソッドをやろう！」と決めました。

驚いたことに、一二月に面談を受けて、年をまたいで、翌年、お正月が明けると息子が一気に変わったのです。

療育の先生から「お正月に何か食べましたか？　まるで別人のように変わりましたが、何か頭が良くなるお雑煮でも食べましたか？」と。

会話の受け答えがポンポンとできるようになって、答え方のコツがつかめたようでした。

きっとあれは、親子面談でやったフラッシュカードの指差しで、次々と正解を当てたのがプラスに影響したのではないか、と私は感じています。

療育の手帳をもらう時の試験でも、その時はできなかったことも、後で教えてあげるとできるようになるのです。

例えば試験の時に「時計」と言えなくても、後で教えてあげるとちゃんと言えるようになっていきます。なので、テストを受ける度に賢くなっていくのです。わからなかったこと、できなかったことを学ぶチャンスになっているようです。
フラッシュカードは好きで、今でもカードをやりたがります。家でもカードをやって、「どっち?」と聞くときちんと正解を取ります。

トレーニングセミナーを受けて、わずか二カ月で夢だった「ママ」と呼んでもらえた!

トレーニングセミナーを受けてからフラッシュカードや暗示がけを行い、栄養補助食品を摂り始めました。家庭プログラムの項目もちゃんとやっていましたが、二週間に一度提出するのが苦手で……。

改善指導を始めてからの一番の変化は言葉が出るようになったことです。一度目のトレーニングセミナーを受けた時は「ママ」も出ていなくて、「ママ」と呼んでもらうのが夢でした。

取り組みから二カ月ほど経って三月に初めて「ママ」と呼んでくれたのです。初めて聞いた時はビックリして、「いま、ママと言った？　ありがとう!!　すごく上手!!」と褒めまくりました。

日頃から褒めちぎっていますが、この時ばかりは特に気絶する勢いで褒めました。

「ママ」が出てからはすぐ「ママ、たっち」など二語文も出るようになりました。フラッシュカードのお陰もあってか、単語がどんどん出てくるようになりました。

トイレに関しては、トイレでおしっこができるのに、面倒くさがっていまだにオムツでします。けれど幼稚園に行くときちんとトイレでしているようです。

うんちも、一歳半でトイレでできていました。便意をもよおすと「う〜ん」と言うので、トイレに連れていくとできるのです。

最近は朝、寒いので私がなかなか布団から起きられないのですが、そうすると、「ママ、しっこ、しっこ」と言って私を起こします。

息子には「ダウン症」とは伝えずに……
限りなく健常児に近いところまで成長を実感

息子には特別、「ダウン症だから」と病気のことは伝えていません。今の時点で特に言う必要もないと思うので……。そのうち、成長するにつれて本人に伝える必要が出てくるかもしれません。

でも、その時、「ダウン症だからって何? 十分に幸せでしょう?」と言えるように、今からその日のために毎日、大事に向き合っているつもりです。

有難いことに順調に成長していて、限りなく健常児に近いところまで育っていると思います。何でもゆっくりですが、そこは他の子と比べてはいませんので、この子が幸せだったらいい、健康で心穏やかに楽しく生きてほしい、そう願っています。

息子には毎日「愛しているよ」と言ってぎゅっと抱きしめています。とにかく「この子が幸せになる」こと、親として、そこにすべての焦点を合わせています。

ダウン症として生まれた事実が変わらない以上、その事実をマイナスにとらえても何も始まらないですし、どうせなら楽しく生きてほしいのです。

障がいの有無にかかわらず、この先、どんな人生になるか誰にもわからない！

幼稚園の運動会やお遊戯会にも参加できていますし、今のところダウン症だからといって特別、マイナス点が浮かびません。

身体の動きはもちろんゆっくりですし、走るのも遅いです。端から見たら健常児とは同じではないけれど、彼なりのペースで走っています。

かけっこは苦手で「よ〜い、ドン」の合図が鳴ると嫌がって地面に座り込んでしまうのですが、健常児だって、苦手なことやできないことはある。そう割り切っています。

たとえ普通に生まれたとしても、人生、どこでどんな不幸があるか誰もわかりません。逆に、ダウン症でも社会に貢献する人間になる可能性だってある。

そう考えると今の状況が決して「苦労」だとは思いません。

小学校は普通級を目標に！
こんな頑張り屋さんを諦めさせる訳にはいかない！

この先、小学校の進学の問題がありますが、この子が普通級へ入れなかったら母親である私の怠慢だと思います。ここまで色々とできる子を支援級に入れてしまってはいけない、そう感じています。

本当に頑張り屋さんです。幼稚園に入った頃も、当時、息子は歩けなくてハイハイ状態だったのですが、他のお友達が歩いている後を必死にハイハイでついていく姿に根性を感じました。

そんな姿を見ると、この子の頑張りを諦めさせてはダメだと実感しました。

園長先生も、入園当初、ハイハイしていた子が運動会でみんなに走ってついて行こうとする懸命な姿に「感慨深い」とおっしゃってくださいました。

エジソンのメソッドに取り組んで、言葉が出始めるとさらに落ち着きが出てきた

実際にエジソンのメソッドに取り組んで、言葉が出始めてから本人も安心したのか、より落ち着いてきました。

言葉が出ない頃は感情が伝えられないので、イライラもあったのですが、それがなくなりました。

私も以前は言っていることがわからない時があって「わからない、ゴメン！」と言

っていたのが最近では会話のやり取りができるようになって、嬉しくてたまりません。夜泣きもしないですし、風邪にもインフルエンザにもかかることもありません。食欲、睡眠、排せつなど第一次的な欲求ができるようになると、育てやすくなるなと実感しています。

「子どもは親の言っていることがわかっている」障がいの有無に関係なくその前提で向き合う

子どもは〇～一歳が一番大事な時期で、「子どもはちゃんと親の言うことがわかっている」という前提で向き合うことが大事だと思います。

そして、「大好きだよ」「ありがとう」「大丈夫」と子どもに暗示をかけてあげる。

子どもにたとえ障がいがあっても、悔やんだり落ち込んでいる時間がもったいないのです。親の情緒の安定も何より大切です。

「人の悪口を言わない」「泣かない」「何で私だけがこんな目に……」と思わない。何かあると、つい、「何で私だけ……」と思いがちですが、それは仕方のないこと。たまたま自分の子がハンデを持って生まれてきた。何か試練が与えられたとすれば、それは人として試された、ということ。

その試練を乗り越えられた自分、頑張っている自分のことを好きだと思えます。今が一番幸せで、本当にこの子が来てくれて良かった、という思い。

親の心の持ち方次第で、状況をプラスに変えていく、そんな心のしなやかさを持つことも、子どもに影響していると思います。

大事なのは「この子をどう育てたいか」
将来は社会に貢献できる人間に育ってほしい

将来、息子には社会貢献できる子に育ってほしいと願っています。これまでお世話になった先生方からのたくさんの善意で育ってきたので、今度はいただいた恩に対してお返しできる子に育ってほしいのです。

そして、誰かの役に立つという実感を味わってほしいのです。

結局は、親である自分自身の切り替えが大事で、この先、この子をどう育てるかを、まず第一に考えることが親にも子にも幸せだと思います。

「転ばぬ先の杖」をもらったエジソン・アインシュタインスクール協会出会えて本当に良かった！

もし、ダウン症であるとわかった時点で毎日、私が泣いていたら、今の状態は違ったかもしれません。

結果的に、我が子の症状は軽くてすみましたが、最初は軽度か重度かさえもわかりませんでした。今でも家庭プログラムの項目は毎日、取り組んでいます。フラッシュカードや足のマッサージ、抱きしめて褒めるなど、毎日の基本行動の中に組み込まれている感じです。協会からは、「転ばぬ先の杖」をもらったと思います。

エジソン・アインシュタインスクール協会に出会えて本当に良かったです。ありがとうございます。今後も参考になる情報をたくさん発信してください。

◆野口和華ちゃん（六歳）

成長がゆっくりといわれるダウン症ですが、エジソンのメソッドで急速に成長。感謝しても、しきれません！

――野口みどりさん（お母様、四八歳）

生後二週間でダウン症と診断されるも、普通の子と同じように色々と経験させる

娘は今、六歳で、今年から小学校です。私は妊娠から出産まで、特別に問題はありませんでした。

臨月を迎えた頃に心音に異常があると指摘されて、その時はわかりませんでしたが、

後になって考えるとそれも問題だったのかもしれません。

私にとって第一子ですので、特に娘の異常について自分ではわかりませんでした。出産後、医師からダウン症の可能性を指摘されて検査することになり、その二週間後に結果が出てダウン症とわかりました。


ダウン症と言われても、私自身、ダウン症の知識を持っていなかったので、極端に落ち込むようなことはありませんでしたが、医師からの説明を聞くと色々と大変なんだろうな……と思えてきました。

ダウン症の場合、成長がゆっくりだとわかっていたので、その角度から娘を見てみると、その割には少しの遅れでここまで来られたと思います。

小さな頃から家に引きこもらず、積極的に外に連れ出して、普通の子と同じように経験させました。同じ月齢の子と比べても、少しだけ遅れているというような感じでした。

食べ物については、心身を作る大事なものだと思っていたので、ご飯と菜食を心がけるなど日ごろから気をつけていました。

鈴木先生のセミナーでは、ご飯ベースの和食を勧めていたので、私がやっていたことは正しかったのだと実感しました。

特に偏食はなく、何でもよく食べる子でした。小麦や牛乳の除去については知らなかったので、お話を聞いてから、小麦や乳製品をやめました。

現在、普通の幼稚園に通っていますが、集団生活も問題なく送れていて、加配の先生（障がい児指導などのために、通常より多く配置される非常勤の先生）もついていません。

自分の思い通りにならないと頭を床にぶつけるなどの自傷行為が……

エジソン・アインシュタインスクール協会に出会ったのは、今から二年半くらい前、娘が四歳頃の時です。友人が貸してくれた、鈴木先生と大塚貢先生による共著『給食で死ぬ!!』を読んだのがきっかけでした。

あとがきに書かれた鈴木先生のコメントで先生のことを知り、エジソン・アインシュタインスクール協会につながって、それから鈴木先生の講演会、親子面談を受けました。

講演会で鈴木先生のお話を聞いた主人いわく、「先生のおっしゃることと自分が考えていたことがまったく同じで感激した」とのことでした。

それから鈴木先生の本を読み、その次のステップであるトレーニングセミナーへの参加を決めました。迷いや疑いなどは一切ありませんでした。

改善指導を始める前に困っていたのは、自傷行為があったことです。自分の思い通りにならないとひっくり返って頭を床にぶつけたり、抱っこされていると、胸を突きだして身体を反らせて、後ろの壁に頭をぶつけてこぶを作ったり……。

あとは多動や強いこだわりもありました。スーパーに行くと私の手を振り払って、自分ひとりでカゴを持って、棚に陳列している商品を次々とカゴに入れてしまったり……。

「トイレでおしっこができます」の暗示で、わずか二〜三カ月でトイレトレーニングに成功！

実際に改善指導を始めてからの変化ですが、言葉の意味を理解するようになって、話がわかるようになったことです。

それまでは、会話も「ご飯、食べる」など二語文か、単語程度だったのが、今ではこちらの言っていること、話すことを理解してくれているのがわかるので、だいぶコミュニケーションを取るのがラクになりました。

フラッシュカードについては私自身、仕事をしていたので、毎日はできませんでしたが、カードは好きで、やると集中して見てくれました。カードのおかげで物の名前もたくさん憶えて、突然、思い出したように「虹」と言うなど、「やはりカードの効果があるんだな」と実感していました。

お風呂の暗示は毎日、やっていました。まだオムツが外れていなかった時期だったので、「おトイレでおしっこができます」と暗示をかけて言い続けると、二〜三カ月してできるようになりました。そして一度成功するとそれからは失敗も少なくなり、パンツを濡らすことも減りました。

初めてトイレに成功した時は、思い切り最高に褒めまくりました。鈴木先生からいただいた「褒め言葉一覧」の紙も、鞄に入れていつも持ち歩いていました。

セミナーを受けてから褒め言葉の大切さも改めて実感しましたし、褒める意識が今まで以上に高まったと思います。

「どうしたら社会に迷惑をかけない子に」でなく、「どうしたら社会に役に立つ子に」育つか？

ダウン症の子どもを持つ親の会に行くと、うちの子はよそのお子さんに比べて発達が良いほうだったと思います。特別、育てにくい、ということはなかったですし、身体は小さいけれども元気で病気もしませんでした。

ただ、今、人の話を聞いて理解できていても、「自分で伝える」となると言語面で表現が足りないところがあります。私たち親は彼女の言いたいことがわかっても、一般社会では難しいかな、と思うところがあります。

それでも、この言語の表現面を除けば、限りなく伸びているな、と感じています。

ダウン症の会に参加した時に、同じ子どもを持つ親御さんでも、それぞれみんな、いろいろな考え方を持っているんだな、ということを感じました。

こういう子どもを持った親御さんは当たり前ですが、皆さん悩んでいらっしゃいます。

ただ、こうした場で会う親御さんたちは、往々にして「どうしたらうちの子が社会に迷惑をかけない子に育つか」という点を気にされているんですね。

私は逆で、鈴木先生のおっしゃるように「どうやったら社会に役に立つ人間に育つか」ということを意識して子育てしてきました。

「どうしたら社会に迷惑をかけない子どもに育つか」の、一歩先を行って「ダウン症も健常も関係なく、世の中に役に立つ人間に」という視点で我が子を見ることができたら、きっとダウン症のお子さんを取り巻く現状も変わってくるのではないか、と思います。

我が子を「ダウン症」と思って育てなかった娘にとって最もふさわしい学校を選びたい！

私自身、娘を特別、「ダウン症だから」と思って育ててこなかった、というのもあって、世間の目を気にしたり、生きていくうえで息苦しい、というのはあまり感じたことはありません。

とは言っても、今年から小学生なのにまだ学校が決まっていない、というのは一般的なダウン症に対する偏見があるのだろうな、と感じています。

というのも、受験したくても、ダウン症というだけで面接も受けられないという現実があるのです。一度、会ってもらえれば、きっとわかってもらえるのに……と悔しい思いもしています。

公立・私立、どちらも視野に入れつつ、加配の先生は必要になってくると思いますが、諦めず、彼女のために最もふさわしい学校を探し続けたいと思います。

「騙されてもいい」。ハラをくくってエジソン・メソッドに取り組んだ結果、本当に良かった！

同じようなお子さんを持つ親御様へお伝えしたいことは、とにかく「いいかな？」と思ったことは、迷わず試してみるべき、ということです。

考えることも必要ですが、何事もやってみないとわかりません。もしやってみて、少しでも子どもにとって役に立つことがあれば、やった価値はあると思います。

私たちもエジソンのメソッドに取り組むと決めた時「騙されてもいいじゃない？」とハラをくくったんです。たとえ失敗だったとしても命を取られる訳じゃないですし……。それくらいの気持ちで飛び込むのも大事だと思います。

私たちは、後で後悔だけはしたくなかった。「あの時、やっておけば良かったね。もしやっていたら、もっと違ったかもね」と、そんな風に後悔だけはしないように、と思い続けてきました。

だから是非、皆さんもためらわずにチャレンジしてみてほしいと思います。


今となっては、あの時、エジソン・アインシュタインスクール協会に関わって本当に良かったですし、メソッドに取り組んで良かったと思います。子どもと向き合う上でのたくさんのヒントをいただきました。本当にありがとうございました。

◆橋本若菜ちゃん（五歳、仮名）

ダウン症は、取り組めば、取り組んだ分だけ成長します！
我が子を伸ばせるのは「親」だけ。

——橋本宏美さん（お母様、四五歳、仮名）

出産後、「ダウン症の可能性」を指摘され「何かの間違いでは？」と信じられず

私自身、妊娠から出産まで、特に問題なく過ごせていました。子どもは元気に生まれましたが出産四時間後、酸素吸入がないと呼吸できないような状態で、肺高血圧症と黄疸が出ていたため、近くの市民病院に緊急入院しました。

さらに入院して二、三日経つと「ダウン症の可能性がある」とのことで検査を受け、

結果が出るまで、約二週間かかったと思います。

「ダウン症」と診断名をつけられた時はとても驚きました。ダウン症の可能性を指摘された時、「何かの間違いでは？」と思っていたので、診断名を告げる医師の言葉に「はい、わかりました……」とただ、うなずくばかりでした。

幸いにして、ダウン症特有の心臓疾患などの合併症はなく、身体面では特に問題はありませんでした。ただ、中耳炎や甲状腺の病気になりやすいことなどを注意されました。

成長のスピードがゆっくりなダウン症
年少頃からお友達との「差」を感じ始める

私たちは共働きのため、子どもが生まれる前から、保育園側に事情を話してゼロ歳児保育をお願いしていました。

実際、一二月に生まれて翌年の四月から保育園に入ることになっていましたが、まさか生まれてくる子がダウン症であるとは思わなかったので、正直、悩みました。「もしかしたら入園を断られるのではないか？」と思ったからです。ですが、幸いなことに「ダウン症でも大丈夫ですよ」と言ってくださり、無事、保育園に入ることができました。

健常の子に比べると、ダウン症は発育がゆっくりだと知っていたので、ハイハイが遅い、首の座りが遅い、寝返りが遅い、歩き始めるのが遅い、言葉が出るのが遅いなど、すべてがゆっくりではありましたが、「特別気になる」という点はありませんでした。

自分の好きな服や靴への「こだわり」や、「頑固さ」があって、自分の好きなことを中断されると怒る、といった点が気になる程度でした。

歩き始めたのは三歳になる前頃で、歩いても距離は短くて、数歩、歩いては座る、という感じでハイハイの方が楽な様子でした。

乳児の頃は目立たなかった成長の遅れも、だんだん目立つようになり、保育園の年少になると、他の子に比べて差を感じるようになりました。

「この子は大学まで行けますよ」鈴木先生の力強い言葉に希望をもらう

エジソン・アインシュタインスクール協会を知ったのは、娘が一歳六カ月頃、新聞で、鈴木先生の本の広告を見たのがきっかけでした。「ダウン症でもちゃんと親が指導してあげれば伸びるのだ」ということを知り、自分でカードを買って、見よう見まねでやってみました。

親子面談を受けたのは二歳になる前ですが、鈴木先生がやってくださったフラッシュカードで、たくさんのドッツ（点）が並んだカードの正解を指させたのでビックリしました。

その時、鈴木先生は「この子は大学まで行けますよ」と言ってくださったのです。親の私としても、大学まで行かせたい気持ちはありましたが、先生からそのように言ってもらえて、さらに希望をもらいました。

行動、言語面でも確実な成長を感じる今、三語文も出て自分の感情を説明できるように

改善の取り組みを始めてから、発達検査表の項目で「できること」がどんどん増えて、行動や発語の面でも当初と比べると確実な成長を感じます。

今、娘は五歳四カ月ですが、お陰様で言語面では三語文が出て、自分の思いや感情を説明できるようになってきました。

家ではプリント学習もやっていて、平仮名や数字などの学習もしています。

保育園では給食の時の配膳作業などを通じて、「グループ」という言葉を覚えたようで、「お父さんとお母さんと私はグループね」と言ったりします。

あとは、食事の時間になると「お父さん、ご飯食べるよ」と呼びに行ってくれたり、日々、成長を感じています。

言葉の面ではまだまだおぼつかないのですが、こちらが言うことは理解していて、指示も通ります。

家庭での学習に加えて、三カ月に一度、鈴木先生の個人レッスンに通っていますが、行く度にいつも成長しているように感じます。

レッスンを受けて帰ってくると、よくおしゃべりするんです。「歩けるようになります」「しゃべれるようになります」「トイレでうんちができるようになります」など、暗示の言葉もたくさんかけています。

取り組めば、取り組んだ分だけ成長する！小学校は通常学級を目指して

本人には特別にダウン症だと伝えていません。やはり普通のお子さんと比べると動きがゆっくりですし、他のお母さん方の中には気づいている方もいると思うのですが……。

私からすると、正直、特別にダウン症児の顔つきには見えません。でも、つい最近、ダウン症の娘さんのお母さんから「ダウン症ですよね」と声をかけられました。その方は「娘から、たくさんの幸せをもらっているんですよ」と話されていました。

今後、小学校の進学が控えていますが、通常学級に通わせたいと思っています。これまでも保育園で、健常のお友達と一緒に過ごしてきましたし、この先も普通の学校に進学させたいと思っています。

同じダウン症のお子さんをお持ちの親御さんにお伝えしたいことは、「改善指導に取り組めば取り組んだ分だけ、お子さんは成長する」ということです。

特に発達障がいの中でも、ダウン症は診断がつくのが早いですし、わかった時点で、早い時期に取り組めば改善が早いと思います。

うちの主人は特別支援学級の担任ですが「ダウン症は知的障がいではないので、取り組めば、ちゃんと成長する」と言っています。

鈴木先生とエジソン・アインシュタインスクール協会に出会えて良かった 将来、社会の役に立つ人間に育ってほしい

娘に対しては、思いやりのある子に育ってほしいというのと、大学、その先の大学院まで進み、将来的には社会の役に立つ人間になってほしい、と願っています。

鈴木先生の個人レッスンでは、以前はじっと座っているのも難しかったのですが、

徐々に座っていられる時間が長くなってきて、きちんと座ってレッスンを受けられるようになりました。
レッスンでは鈴木先生が、とても褒めてくださるので、この子の大きな自信につながっていると思います。

ダウン症と診断名がついた時は、将来に大きな不安を感じていました。けれども鈴木先生に出会って、親子面談を受けた時に「この子は表情がいい、笑顔がいい」と褒めてくださり、そんな風に我が子を認めてくれる先生の存在は大きな希望の灯りとなりました。

逆に、療育の先生は、この子は「できない」「成長しない」という前提で話をしてくるので、行く度に「先生は知らないんだ」と唖然としています。
安易で後ろ向きな発言というのか……、以前、「言葉が出ません」と相談したら「手話を使ったらどうですか？」と言われたことがありました。

一瞬、「そうなのかな？」と思って鈴木先生に相談すると「手話は必要ありません」と力強くおっしゃってくれました。つくづく、鈴木先生とエジソン・アインシュタインスクール協会に出会えて本当に良かったと思います。

協会のことを知らないと、どうしても一般常識的な考えで、親御さんもマイナス思考になりがちだと思います。けれど、ダウン症のお子さんは、親がきちんと指導すればするほど、成長するのです。

親が子どもの可能性を信じ抜くこと、この親の意識がお子さんの成長に大きく影響することを実感しています。

◆長山心優くん（六歳）

ダウン症は、早期発見し、早期に取り組めば取り組むほど、必ず成長します！

――長山恵美さん（お母様）

生後五カ月で染色体検査、ショックと共に「早くわかって良かった」との気持ちが交錯

妊娠から出産まで、特に何の問題もなく過ごせていました。

出産後も、特に異常を指摘されることはありませんでした。顔つきも、ダウン症特有の特徴が比較的なかったもので、生後、一カ月検診も問題なくパスしていました。

その後の三カ月検診で、首の座りが遅いこと、筋力が弱いとのことで、リハビリを

受けた方がよいと言われましたが、心臓などは特に問題ありませんでした。ただ、その時、私は気になって理学療法士に「何か障がいではないでしょうか？」と尋ねたのです。

私は保育士の仕事をしていたので、ダウン症のお子さんと接する機会もありました。そのことから、我が子の顔つきを見て、目の感じや泣いた時の表情などから「もしかして、うちの子はダウン症では？」と疑ったのです。

その後、染色体検査をして、生後五カ月半でダウン症と診断されました。結果が出た時、最初はショックでした。

「何で？」という気持ち、そして、「障がいがあると早くわかって良かった」という気持ち。いろいろな思いが交錯しました。

それからはダウン症の情報を調べたり、本を読んだりしました。そこには、「ダウン症のお子さんは、その障がいを受け入れ育ててくれる親の元にしか、生まれてこない」といったニュアンスのことを読み、主人と二人で「頑張ってこの子を育てていくしかないね」と気持ちを切り替えました。

ダウン症とわかってからは、地元の福祉センターへ母子入所、二歳半まで続く

私が三カ月検診の際、「もしかして……」と障がいを疑わなかったら、生後五カ月半の時点で、まだ診断名はついていなかったかもしれません。

現に、三カ月検診の際に相談した理学療法士も「まだ何とも言えないし、検査は一歳になってからでも遅くはないのでは？」という意見でした。

三カ月検診の次は七カ月検診になります。そうなると、時間が経ってしまいますし、その間に、子どもはどんどん成長していきます。

やはり我が子の異常にちょっとでも気づいたら、できるだけ早めに診察を受けて、はっきりわかった方が良いと思います。

ダウン症とわかってからは、地元の福祉センターへ母子入所しました。母子入所というのは、一〜二週間、親子で入院して、言語療法・理学療法士のリハビリを受けるものです。朝九時から一時間ほどリハビリをして、保育をしてお昼を食べたらお昼寝、その後は、午前中にやったことを今度は私が直接、子どもにする、というのがだいたいの一日の流れです。

入院した一歳当時、我が子はズリバイだったので、ハイハイできるようになるのが一つの目標でもあったのですが、一カ月もすると、ハイハイできるようになりました。この入院中のプログラムは決してラクではありませんでしたが、やった分だけ効果は大きかったと思います。

このようにして、三カ月おきにリハビリに通いました。

このリハビリの効果もあってか、歩き始めたのも一歳七カ月と、決して遅くはなく、ハイハイができるようになってからは特に歩き始めるまでが早かったのです。

こうした入院しながらの福祉センターでのリハビリは、主人の転勤で引っ越す二歳半頃まで続きました。

母から鈴木先生の本を渡される鈴木先生の親子面談での驚き

エジソン・アインシュタインスクール協会のことを知ったのは、私の母親から鈴木先生の『子どもの脳にいいこと』を渡されたのがきっかけです。母は広告か何かで本のことを知って、買って私に読ませてくれたのです。

本を読んだ感想は「こんなことが本当にあるんだ……」と驚きました。事実かどうかは別にして、「チャレンジしてみないと、本当かどうかわからない」と思い、まずは親子面談を受けてみようと決めました。

子どもが三歳になる直前のことでした。その当時、「ワンワン、どれ?」「ニャーニャーは?」と聞けば、指差しできる程度で、単純な単語しか知らないと思っていたのに、鈴木先生の親子面談では、南アフリカ大陸、大西洋など、今までまったく知らなかったはずのカードでも正解を取るなど、ただただビックリしてしまいました。

鈴木先生には、「これを信じるかどうかは親御さん次第ですよ」と言われました。私はその時、後になって「やっぱりあの時、やっていれば良かった……」と後悔だけはやめようと思いました。

そして「今、この子のためにできることをしてあげよう」と、次のステップであるトレーニングセミナーを受講することを決めました。

子どもが三歳になってすぐの時でした。

エジソンのメソッド取り組み直後、トイレ・トレーニングに成功 口にする単語はものすごく増えた

実際にエジソンのメソッド取り組み後、すぐに感じた変化は、トイレ・トレーニングでした。取り組みを始めてしばらくすると、オムツが外れたのです。

ダウン症だとわかってから、成長の面ですべてがゆっくりで時間がかかると知っていたので、早くからトイレ・トレーニングをしていたこともありますが……。

また、息子は、生後九カ月から保育園に行っていたので、周りのお友達と同じようにトイレでおしっこやうんちができるように練習していました。さらに、エジソンのメソッドを始めてからは、「トイレでおしっこができます」などの暗示かけも行っていました。

トイレ・トレーニングに成功してからは、外出した際も、おしっこの合図をしてくれるようになりました。

家での取り組みでは、教材を手作りするなどの工夫もしました。家にあった動物の形のカードをコピーしてラミネート加工したり……。

そのカードを使って、同じ動物のカードの上に、カードを乗せる「マッチング」もできるようになりました。

言語面ですが、明らかに「遅れ」はありました。三歳の時点で出ていた言葉は「パパ」「ママ」。こちらから「何が食べたい？」と聞くと「ご飯」と答えるなど単語レベルで、二語文はまだまだの状態でした。

エジソンのメソッドに集中的に取り組んだ約四カ月の間、口にする単語はものすごく増えました。

私の言うことを真似るようになったのもあって、おそらく二〇〇語ほど出るようになったと思います。

ちなみにＩＱは一歳の頃からテストをしていましたが、毎年、平均すると六〇くらいありました。私の印象では確かに成長はのんびりでしたが、ゆっくりと着実に伸びていったように感じます。

四カ月の改善指導期間を終わってからも、栄養補助食品を摂りつつ、エジソンのスクール教室にも通っていました。

「糖鎖《とうさ》」を乳酸菌飲料に入れて飲ませると確実に顔つきの変化があらわれる

食事については、当初、野菜を食べず便秘がちでした。味覚も敏感だったので、苦手な栄養補助食品もありました。

ダウン症特有の顔つきには、「糖鎖」がいいと聞き、乳酸菌飲料に入れて飲ませたり工夫しました。その結果、二歳頃は目がつりあがっていたような顔だったのが、以前よりも柔らかくなるなど、確実に顔つきの変化がありました。今は糖鎖とレシチンだけは続けています。

フラッシュカードをするようになってから、平仮名に興味を持ち始めて、今では平仮名を全部読めるようになりました。読み書きもできます。

さらに幼稚園の「年中」からピアノも習い始めました。「年少」の頃は、恥ずかしいのと上手に言えないのもあって、自分の名前も満足に言うことができませんでした。それが年中からはきちんと自分の名前を言えるようになったのです。

今後の課題としては、サシスセソの滑舌があまり良くないので、もう少しはっきり発音できるようになることです。

今では言語面でも三語文が出て、たとえば「ママ、今日ご飯、何?」と聞いたり

「ママ、ご飯、外で食べる？」などコミュニケーションもだいぶ取れるようになりました。

一回では聞き取れなくて「なんて言ったの？　もう一回教えて」と聞くこともありますが……。「朝、幼稚園に行ったら○○先生のところに行くんだよ」と言うと、本人もしっかりと覚えていて「幼稚園に行ったら○○先生のところに行くんだよね」などと自分から言うのです。

天気予報も理解していて、「金曜日は雨だね」などと言います。改めて「年長」さんになってから、言語面でもますます伸びてきた感があります。

就学時検診で「特別支援学級」との通知　教育委員会にお願いの結果、二月に「普通級」へ

昨年一〇月に、小学校入学にあたっての就学時検診がありました。その結果は「特

別支援学級」との通知でした。

幼稚園では加配の先生もつかなかったので、先生がうちの子にかかりっきり、ということもありませんでした。幼稚園の先生に、うちの子の様子を書いてもらって、ＩＱの結果と一緒に提出していたので、支援学級という結果は納得がいきませんでした。

これまでも、普通の園で健常のお友達と過ごしてきて、何よりその方が本人にとっていい刺激になると思ったからです。

それから教育委員会に息子を連れて相談に行きました。

そこで、うちの子は言葉も出ているし、平仮名も読める。将来は社会に出て自立することが目標なので、そのためにも普通級で刺激を受けながら成長してほしいので、と普通級で授業を受けられるようにお願いに行きました。

就学時検診では、たとえば、一〇個あるサイコロのうち、「七個、ちょうだい」と言われても全部渡してしまったり、といったことがあったそうです。その場でのやり取りで全部、結果が決められてしまうものなんですね。でも、その場のテストでは質問の仕方や言い方もあって、一回で理解できないこともあると思うのです。

お願いの結果、先月、二月に普通級進級の通知を晴れていただけました。

実際に我が子の様子を見て、話し合いの行われた約一時間、おとなしくきちんと座ってお話を聞けていたので、教育委員会の方々はビックリされていました。

「これなら四〇分の授業も問題なく座っていられますね」と。

ピアノもスイミングも一人で行きますし、逆に周りのお友達が一人で来ているのを見て「お母さんは来ないで」と言うのです。

やはり周りのお友達の影響は大きいようです。

普通級でしか学べないことを学んでほしい 目標は社会で自立

私は常々言っているのですが、「学校の成績は最後でもいい」と。それ以上に「普通級でしか学べない様々なことを学んでほしい」と思っているのです。

目標は「社会で自立できること」です。

その場合、どうしても支援級では加配の先生がつくので、本人に手をかけてくださる場合が多くなってしまいます。特に、うちの息子の場合、自分ができることに対して「手出しをしないで！」と本人は言うのです。

教育委員会への相談の際も、もし普通級に行かせてみて、難しければその時はまた考えます、とお伝えしました。

食事についてですが、エジソンで言われてから牛乳をやめて豆乳に変えました。小麦の除去は難しかったので、特にやっていません。ただ、日頃から食事はご飯が好きなので、和食がベースでした。

苦手だった野菜も「年中」くらいから、少しずつ食べられるようになりました。それからはパンも食べるようになって……。いろんなものを口にするようになりました。

お陰様で身体面での成長も順調で、身長も体重も「年長」の中でも真ん中くらいです。身体も丈夫になって、入院したことはありません。

ダウン症特有の筋力の弱さも、三歳から始めた水泳でだいぶしっかりして、風邪もひかなくなりました。筋力もついて年少の頃に比べると走るのもだいぶ速くなりました。

自転車も今は補助輪なしで乗れる練習をしているところです。身体をよく使わせることが大事だと実感しています。

あとは、やはり鈴木先生がおっしゃるように、早く取り組めば取り組んだ分だけ効果はあるということです。

「泣いていてはできるようにはならない。あなたにできるようになってほしいから厳しくしているんだよ」

私自身は二〇一四年の一〇月まで保育士をしていました。

家では優しくする時もあれば、取り組みや勉強面では厳しい方かもしれません。子どもが「できない」と言ってはすぐ泣く時に「よしよし」と慰めているのでは、どうやっても成長しません。

我が子に障がいがあると、どうしても甘くなってしまう親御さんが多い中で、私はどちらかというと厳しい親だと思います。でも、それは将来、社会で自立した人間になってほしいからです。

私は言うのです。「泣いてできるようになるなら、泣いてもいいよ」と。「だけど、泣いていてはできるようにはならない。お母さんはあなたにできるようになってほしいから厳しくしているんだよ」と。泣いている時は遠くから見守っています。怒ったらいけない、と思っていても、つい怒ってしまうこともあります。

障がいのある子を普通級に入れることになれば、「優しさ」だけではクラスについていかれなくなります。「よしよし」だけではダメなのです。その先に自立させたい、という願いがあるので……。今では着替えも自分でしますし、弟の世話もしてくれます。

エジソン・アインシュタインスクール協会に出会って、家庭での取り組みや勉強の仕方がわかって、段階を踏んでここまでようやく来た感じがします。
もし、協会に出会っていなかったら、しばらくは、まだ子どもに対して赤ちゃん言葉で接していたかもしれませんし、超高速楽習もしていなかったと思います。

平仮名も読めて書けるようになって、今はだいぶ漢字も覚えてきています。言語療法や作業療法のリハビリに通うだけだったら、ここまで成長はしていなかったと思います。

小学校で普通級に進級することを一つの目標にしていたので、その目標がかなったことはとても嬉しく感じています。あとは、どれだけ周りのお友達についていくことができるか。こちらも学校側にお願いした以上、これからも学校の授業についていくための家庭学習が必要になってくると思います。

目標は高く持ってください
積極的に外へ、外へ連れ出して

同じようなお子さんを持つ親御さんへお伝えしたいのは、「目標は高く持ってください」ということです。

ダウン症のお子さんはひとつのことができるようになるまで、時間がかかると思います。それでも、早めに取り組めば、その分だけほんとうに成長します。

うちの場合、歩けるようになる前からトイレ・トレーニングしていたお陰で、一歳前には便器に座れるようになりました。

どうしても親御さんは手をかけてしまうと思います。例えば子どもがご飯を食べる時、私は、子どもの後ろに回ってスプーンを持たせて口に運ばせていました。

すると、きちんとこぼさずに使えて、スプーンもお箸もしっかりと使えていました。

リハビリではいろいろな障がいを持つ子どもが来ていました。その中で一緒に生活していてうちの子はだいぶ自立しているな、と感じました。

他のお子さんを見ていると、何でもお母さんがしてあげてしまうのです。我が子に障がいがあるから、かわいそうと思って我が子を包み込んでしまう。「これができないからしてあげよう」と手を出してしまうのです。

本当ならば少し見守ってあげるくらいがいいのかもしれません。うちの場合、スイミングや習い事など、積極的に外へ、外へ連れ出すようにしていました。

中には引きこもりがちなお子さんもいるかと思います。

正直、私自身、初めての子がダウン症だったので、もう一人生むことが怖く感じられたこともありました。ですが実際、下に弟ができたことでお兄ちゃんの意識になって、それからさらに成長した面もあると思います。兄弟と接することで伸びることもあるのだと思いました。

改めてダウン症の子どもは優しい子だと思います。悪いことなど、決してしません。新しい園に入ったのはわずか五カ月ほどでしたが、うちの子が入ったお陰で、周りのお友達が優しくいられた、と言われた時は「良かったな」と思いました。

以前は「もし、うちの子が健常児だったら……」と思ったこともあったのですが、今は「この子のお陰で……」と感じています。

◆木村ひろとくん（ソトス症候群、五歳、仮名）

管理栄養士の私が常識を捨て
エジソンのメソッドを始めたら、子どもが変わった！

——木村早苗さん（お母様、三七歳、仮名）

ソトス症候群……胎生期・小児期に顕著な過成長、特徴的な顔貌、学習障害などの特徴のほか、行動障害、先天性の心奇形、新生児黄疸、腎奇形、脊柱側わん症、てんかんなどの症状をきたす常染色体優位遺伝性疾患のこと。別名・脳性巨人症。一～二万人に一人程度の発症。

生後三カ月で染色体異常と診断され……
知的・運動面での遅れを宣告される

うちの息子は生まれて三カ月で「ソトス症候群」という、染色体異常の疑いと診断され、将来的に、運動面や知能面での遅れを宣告されました。

具体的に気になった遅れは、一歳半頃からつたい歩きはしていましたが、歩けても壁伝いで、一歳八カ月まで自力では歩けなかったことです。

ちょうどその頃、整体へ行った時、「頭の骨がゆがんでいるから視界がズレて歩けないのでは？」と指摘され、その整体に通ったら、一〜二カ月で歩けるようになりました。

それからは「これで発達の遅れも取り戻せるだろう」と思っていたのですが、一〇カ月経って整体で、「頭のゆがみは治りました」と言われても、明らかにクラスでは遅れが見られました。

それからは月に一回、運動と心理療法の療育にも通いましたが全く改善は見られず、息子が三歳になった時、「このままではまずいな……」と急にあせりだしました。

目も合わない、何を考えているのかわからない
この先、「犯罪を犯してしまうのでは」と恐怖に

その頃、私は保育園で栄養士として働いていたので、色々な情報が入ってきた中で、「今は仕組みも変わってきて、特別支援級でも、将来、仕事には就ける」と聞いて、「この子は特別支援級でもいいかな。この子は、そういう道なんだ」一度は諦めて、そう思ったこともありました。

それにしても、この子がこのまま大きくなったら、ひょっとして、犯罪や暴力ざたを起こしてしまうのではないか、世間様に迷惑をかけるようなことをしてしまうのではないか、と怖くなる気持ちをもつようになりました。

というのも、子どもが何を考えているのかまったくわからないし、私と目も合わない。話しかけても「ボヤッ」として私の話が通じているのかもわからない状態でした。

二歳時の検診で、積み木をやらせてもまったく積み木を見ないのです。声をかけて

も全然反応しない。この子は、特別支援級どころか、この先、どうなっていくかがまったく見えず、それが恐怖でした。

保育園に勤めていると、同じ年の子はもちろん、年下の子にどんどん成長を追い抜かれていくのも見てしまいます。「あ、二歳も下の子に抜かれた……」と、他のお子さんと比べては、常に絶望していました。

それから色々と情報を集め出しました。インターネットで調べていたらエジソン・アインシュタインスクール協会を見つけて「これしかない！」と思い、すぐに電話をしました。

昨年二〇一二年九月のことです。それからすぐに親子面談を受けてトレーニングセミナーに参加しました。

最初、エジソン協会のサイトを見た時「ここならいける！」と直感したのですが、それは鈴木先生の「改善する」、この言い切った一言で、私は「やるしかない！」と迷いはありませんでした。

私にとっては「救い」でした。面談を受ける前に『子どもの脳にいいこと』の本を読んだのですが、自分の中では、この子の改善が「きっとうまくいく」というイメージしか浮かびませんでした。

「エジソンのメソッドを絶対やる！」と話すと、うちの主人は私がこういう性格ですから、「やってみたら」とすぐに賛成してくれたのです。私も、「やらない後悔よりも、やった後悔の方がいい」と決断しました。

夫婦で「もしたとえ、騙されたとしてもいいよね」と、それくらいの気持ちでいました。やってダメだったらその時に、別の手段を考えればいいので、「とにかく今はこの方法をやってみよう」、そう思って始めました。

熱を出しながらも立派にこなした運動会！「こんなにできるなんて」と先生が泣いた

取り組みを始めてからの変化ですが、昨年九月に改善指導をスタートして、一カ月ほどした一〇月に運動会があったのですが、クラスにはうちの子のように遅れのある子はいませんでした。

正直、運動会に参加できるような状態でなくて、先生方は、息子一人で参加させるか、母親の私と一緒に参加させるか相談されていたそうです。

しかも、運動会の前に高熱を出したのです。うちの子は二歳の時にひどい熱性痙攣を起こして、生命の危機にさらされるほどだったので、痙攣止めの薬を使っていました。

これは脳をぼんやりとさせる薬なので、運動会の日もボヤッと視点がうまく定まらない状態でした。

それなのに当日はかけっこも走って、時間はかかったけれど、跳び箱をのぼって降りるのもできたのです。担任の先生は涙ながらに「こんなにできるなんて……」と褒めてくださいました。

「これは明らかに体質改善が効いている」と私は実感しました。

最初の一～二カ月は本当にトントン拍子で驚くほど変化があったのです。

それと、私の問いかけに対する反応が良くなりました。前とは明らかに違って、顔つきもぼんやりしていないし、寝そべったりもしなくなりました。

保育園でも先生から「変わったね」と褒められるほど一気にワ～ッと伸びたのです。

他のお母さんの言葉で「食を極めよう」と決意
子どもに必要な栄養素を意識した献立に

一回目のセミナーで、過去の会報誌に取り上げられた方で、息子さんが劇的に改善したお母さんがいらして「食事は気をつけています。毎日、お魚を食べています」とおっしゃるのを聞いて、「私は栄養士なのにきちんとやれていなかった」と恥ずかしくなりました。

そこから「食事を変えよう。自分は栄養学を学んできたのだから、食事くらい極めよう」と思うようになりました。

それまでは、上の子が魚をあまり好きではなかったので、お魚を出すのは週に二回ほど、お肉を出す方が多かったのです。

息子の体の中まで考えた献立を作っていなかったと反省しました。今は彼に必要な栄養を意識した食事を心がけています。

私はもともと、管理栄養士のお仕事をしていました。最初は病院に勤めていて、患者さんの食事の栄養管理をしていました。

血液検査の状態を見て、その人に合った食事を提供する、というのがコンセプトで、一人ひとりに必要な栄養素が違うことは当たり前のように知っていました。その経験から、「そうだ。子どもだって同じじゃないか」と気づいたのです。

息子を生後七カ月で保育園に初めて預けた時、粉ミルクの量がぐっと増えたのですが、そうしたら、みるみる痩せて、どす黒い顔色になっていったのです。今思えば、完全に貧血状態でした。

その頃の息子はいつも床に寝そべって、目は眠たそうで、何かやらせようとしてもグタッとしていて「何でこの子はこんなにやる気がなさそうなんだろう……」という感じでした。

消化不良による吐き戻しもすごかったのです。今思うと、完全に乳製品のアレルギーだったのです。

貧血気味だったのは必要な鉄分と栄養素が足りていなかったせいで、やる気がなかったのも当然です。

それを染色体の病気のせいだと思っていたのです。栄養士の私が気づいてあげられなかったことがすごくショックでした。

「腸をいかに整えるか」に取り組んだ結果便秘・下痢も治って、いい状態のうんちに

今は顔色も良く、とても活発です。以前は、一～二週間に一度、四〇℃近い高熱を出していましたが、今は熱を出しても年に数回で、薬なしですぐに治ります。一歳の

頃に発症していた喘息も今は完治しました。

昨年の九月から改善指導とともに体質改善を始めて二〜三カ月すると、それまで毎日吸入していたステロイドも完全に必要なくなりました。

さらに取り組みを始める前にひどい中耳炎にかかったのですが、治すのに相当時間がかかると言われ、抗生物質漬けでしたが、体質改善のお陰で二、三週間で治ったのです。


自分では栄養学を学んで、優等生でやっているつもりでしたが、鈴木先生に教わった大脳生理学や、脳に栄養を送る話は聞いたこともありませんでした。

今年（二〇一三年）五月にIgG検査（遅延型フードアレルギー検査）を受けると、卵などの乳製品と小麦粉、それに、鶏肉、マグロ、鯛、柑橘類、キウイ、パイナップル、ブドウ、ショウガなど多岐にわたって反応が出ました。

内藤先生の青山ブルークリニックにも通って、今は「腸をいかに整えるか」を最優先しています。

前は、便秘と下痢を繰り返して軟便だったのが、検査で反応が出た食物を除去した食事を始めてから一～二カ月でうんちの状態も整ってきました。

今は乳酸菌と酵素を意識して摂取しています。

食事に加え、もう一つのテーマが「運動能力」だったので、外遊びをとにかく意識してやらせました。毎日公園に行って、週末はアスレチックで体をよく動かしています。

「一生歩けないのでは」と心配した我が子山道を三キロも走れるようになった！

この七月に医農野菜のイベントで、大鷲山の開墾のお手伝いに行ったのですが、息子は山道を三キロもずっと走っていたんです！「走らなくていい」と言っても、どんどん走って、すごかったのです。

一歳半まで歩けなかった子のそんな姿……、以前は想像もつきませんでした。

今、四歳ですが足には見事な筋肉がついています。家族で上野動物園に行った時も二～三時間普通に歩いて楽しんだのです。

「この子は、一生歩けないのかな」と思い悩んだこともあったので感激しました。


やってきた停滞期。子どもの「小さな変化」を見落としていたので「やれないし、やりたくないのは当然」だった

しかし二カ月目に停滞期になりました。取り組みの△が○にならないし、フラッシュカードも見てくれない。今思うと、ある程度覚えたからカードも見てくれなくなったのだと思うのですが……。

何かやらせようと思ってもやってくれない。こんなに私が頑張っているのに「え？なんで？」とあせる一方でした。

会報誌で他の方のインタビューを読むと、「一気に色々なことができるようになるのかな、すぐ他の子に追いつくんだ」と思っていましたが、実際はそうではなく、「成長が止まった」と悩みました。

私自身、子どもの「小さな変化」を見落としていて、取り組みに大切な「スモール・ステップ」でやれていなかったことに気づいていなかったのです。

子どもには、明らかに高いハードルをやらせていたんですね。だから今思えば、「やれないし、やりたくないのは当然」で。それで、結果的に伸び悩んでいたのです。

今年（二〇一三年五月、六月）ペアレントカウンセラー養成講座を受講したときのことでした。取り組みを始める前、手を離した瞬間にどこに行ってしまうかわからない「多動」で、言葉は、「お母さん」しか言えない状態でした。

それが、取り組みを始めてすぐに「お父さん」と、ちょっと言葉が出て、それがまた言えなくなったり、言語面では浮き沈みがありました。

私が今年三月に仕事を辞めてから二語文になったものの、それでも「このペースではまずいな」と悩んでいる時、ペアレント養成講座を知って、「ここに行ったら何か変わるかもしれない……」と思ったのです。

そこでの鈴木先生の話を聞いて、「特別支援級でもいいや」と諦めていた自分が恥ずかしくなって、「勝手にこの子の将来を決めつけていたんだ、そんなことじゃいけない。普通級を目指そう」と完全に頭を切り替えました。

ペアレントカウンセラー養成講座を受けて自分の中のやる気にスイッチが入った！

得るものが多すぎるくらいで、受講して本当に良かったです。今、取り組みで悩まれている皆さんにも是非お勧めしたいです。

浅井先生の「親御さんの工夫次第でいくらでも子どもは伸びます」という言葉に刺激を受けました。

今までは、「どうやって伸ばしていったらいいの？」と思っていたのですが、何も特別なことではなく、日常生活の中で「やらせたい」と思うことをやらせればいいのだと気づきました。

鈴木先生の個人レッスンの真似をして、朝、レッスン時間を一五分作ってやっていました。最初は子どもが聞いていていない状態でもやるようにして、今はなんと五〇分もやっています。

その他にも日常生活の中でできそうなことはどんどん、やらせています。

フラッシュカードは、これまでは裏面（文字中心）のカードは見てくれませんでしたが、今は、裏面だけでも見ます。

裏面の絵を隠しても、単語だけでも大丈夫です。

カードは、それまでは「単語」を覚えさせるため、と思っていましたが、実際は「単語」と「映像」を頭に記憶させて、それを聞いただけで言葉のイメージが広がって、それを使って頭の中で文章を構成させていくのに役立つのだと実感しています。

フラッシュカードだけは頑張っておいて良かったと思います。

フラッシュカードが好きになって言葉のイメージが深まり、文章の意味が理解できるようになった

取り組みから四カ月目くらいに、「嫌だ！」と見てくれなくなった時期がありました。

今思うと既にカードの内容を覚えてしまっていたから、だと思うのですが……。

それで、文字中心の裏面をやり出したらカードがすごく好きになって、一日五〇〇枚くらい見てくれるようになりました。

最近では、例えば「ラーメン屋さん」のカードを見せると「〇〇くんのパパはラーメン屋さん」と言ったり「スーパーマーケット」を見せると、「スーパーマーケットに行きたい。〇〇ちゃんのママと」と言ったり……。

鈴木先生が「フラッシュカードをやると言葉のイメージが深くなり、文章の意味が理解できるようになる」とおっしゃっていた意味がようやくわかるようになりました。

あとは、平仮名の積み木を並べて見せたり、カードの頭に「あ」がつくものだけのカードを並べて見せたり。それも喜んで見てくれます。

普段とちょっと違う切り口で見せることで新鮮さが生まれて、それもいいようです。

ペアレントの養成講座での仲間の存在に励まされる「子どもの態度をよく観察する」という原点に気づけた

スイッチが入るきっかけとなったのが、ペアレントの養成講座と、IgG検査（遅延型フードアレルギー検査）でした。

私自身、講座ではお友達もできて、インターネット上の交流サイト「ミクシー」にも入っていますが、こうした仲間の存在に励まされています。

これまでは、行き詰まると、「皆さん、具体的には、どんなことをやってるんだろう」と悩んでいたのでした。

講座を受けて「笑顔で、小さなスモール・ステップをこなしていく」「子どもの態度をよく観察する」という原点に気づいてから、ここ一カ月で自分自身も子どもも、ものすごく成長しました。

まず子どもの一番の変化は「待っていられる」ようになったこと。家の外で遊んでいると、一瞬でも目を離すことができなかったのが、今では玄関で「ここにいてね」と言うと、ちゃんと待っていてくれます。

それが本当にありがたくて。以前とはまったく違いますね！

発達検査表の○と△も、この一カ月間で○○個くらい増えました。停滞しているように見えた時期は、実は彼自身の中で力を「溜めていた」のだと思いますが、それが私には見えなかったのです。

見えないからとても辛かったし、投げ出したくなったけれども、あの時、投げ出さなくて本当に良かったと思います。

子どもの将来がまったく見えずに一度は「死」を覚悟したことも……

うちの子は染色体異常なので、ある意味、ダウン症のお子さんと一緒で学習ホルモンの分泌が弱い、という弱点がありました。

だから、自分の中で「うちの子はエジソンのメソッドで改善した子とは事情が違うから、伸び悩んでも仕方ない」という「諦め」があったのです。しかし「それは違う。原因はそこじゃない。しっかり栄養を摂って、彼自身にあった教育をしっかりやれば、どこまでも伸びるんだ」と気づきました。

子どもが伸びない理由は「親」にあったんですね。

本当に毎日、泣いていた頃は、私も正直「死」を覚悟したこともあります。他の子に抜かれた瞬間を見るのが本当に辛くて、辛くて……。

以前療育で「お子さんに、何を求めますか?」と聞かれた時、「他のお子さんと開いている距離を縮めたいです」と素直に答えると、先生からは「お母さん、いいですか。お子さんの場合、ゆっくり成長しますので他の子と差が開くのは仕方ないんです」と説得されたのがすごくショックでした。

「じゃあ私たちは何のために療育に来ているんだろう。そういう考え方だったら療育をやってもしょうがない」と思いました。

今は、私とのクイズもできます。「赤いものはなあに?」と聞くと「りんご」と答えたりします。まだ口の動きははっきりしません。明瞭でないところがあって、私が聞くと「わからないな」と思うところもあります。とにかく沢山しゃべらせてどんどん明瞭にしていけるようにしたいです。

この子が理解してもらえるように情報をオープンにしています

お友達に取り組みのことを話しているのですが、みんなはうちのことを「道場」と呼んで、最近では健常児であるお友達のお子さんにも個人レッスンをしています。とても喜んでくれて、感謝されているんですよ。

友達にも理解してもらって、情報をオープンにして、保育園の先生にも私が勉強してまとめた資料をお渡しするなど、ちょっとでもこの子が理解してもらえるよう頑張っています。

将来的には、地域のお子さんにもレッスンをしてあげたい、と思っています。保育園にいると、発達の遅れなど気になるお子さんを見るので、自分の子と一緒に、困っている他のお子さんも伸ばして引き上げてあげられたら、と思います。

エジソン・アインシュタインスクール協会には本当にお世話になったので、これから少しずつお返ししていきたいと思っています。

鈴木先生に言われたことを疑う親御さんもいらっしゃるかもしれませんが、大丈夫です。私から見ても、障がい児は本当に天才の卵だと思えますから。自信を持って断言できます。

何もやらない限りは改善はありませんが、やれば必ずいつかは芽が出ます！

うちの子の成功は決してたまたま偶然ではなくて、しかるべくして変化は起きたと思います。何もやらない限り、改善はありませんが、やれば必ずいつかは芽が出ます。

うちの子は電車が好きなのに、乗せたら泣き叫んだことがあって、「何でだろう？」と思ったら、いつもと同じ電車に乗りたかったのだとわかったのです。

浅井先生にも言われましたが、問題行動が起きた場合、その原因を探ることが大事だと。

何の理由もなく問題行動をしている子はいません。大変で面倒な作業でも、原因を分析していくと結果的には近道になると思います。

ただやみくもにやっても、それなりには伸びると思いますが、子どもを観察しながらやると、その何倍も効果が上がるのです。

第二章

ダウン症・染色体異常を改善させる エジソン・アインシュタインメソッド （EEメソッド）

マンガで伝える『会員様の改善体験記』⑦　中井修司くん（8歳、仮名）2011年8月取材から

僅か一カ月で『待つ』ことができるようになり『おねしょ』の回数が減ってきました！

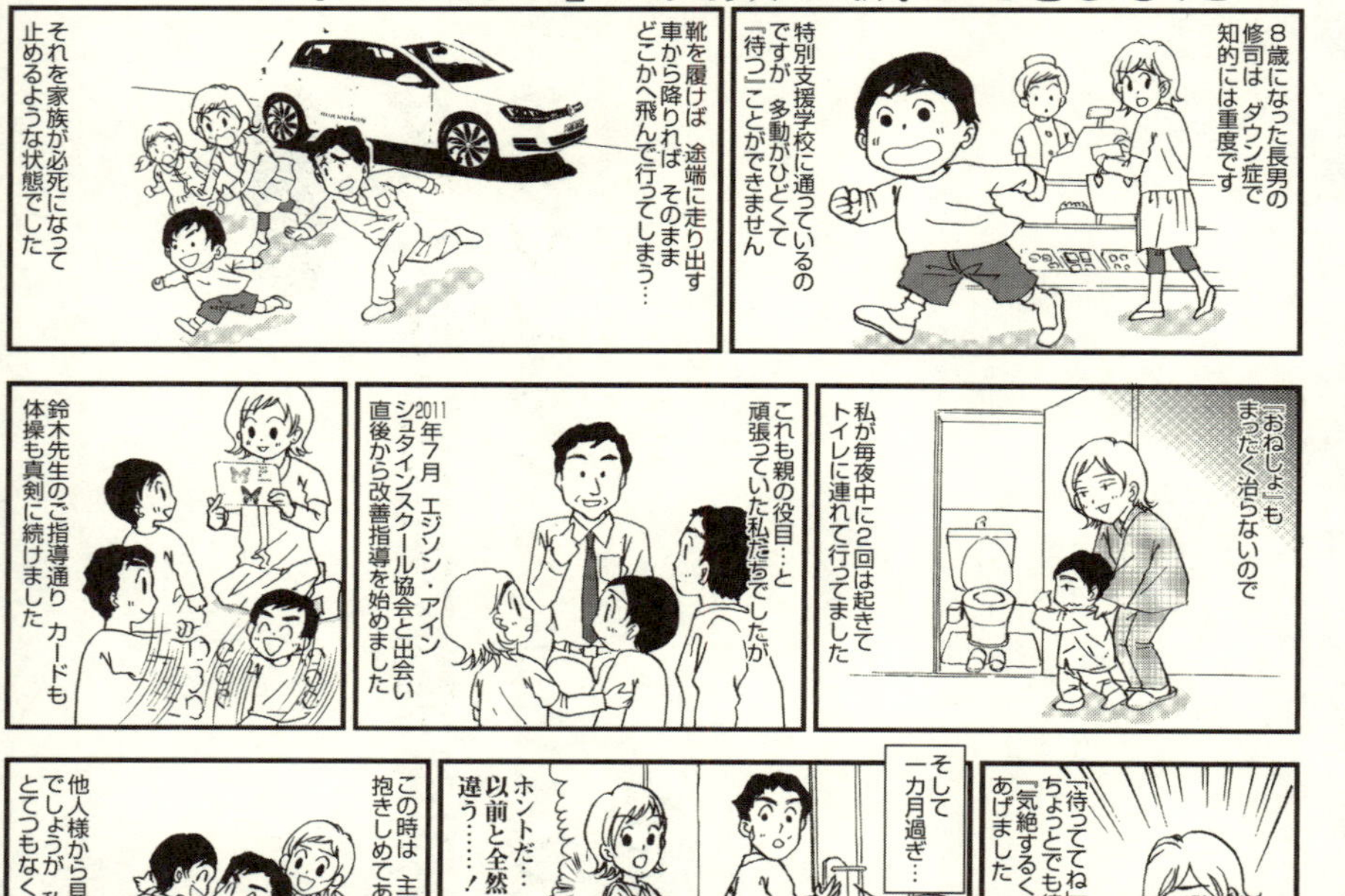

中井さんの改善メソッドの極意

1. 親御さんが信じ切ることが大切！
信頼して、できるまで待ってあげる。
君の役目だよと任せられれば、責任感と自覚が芽生えます。
『暗示掛け』も、その子を信頼して、必ずできることを
親御さんが信じ切って行なうことです。
2. 褒める時は、思いっ切り！
できたら、『気絶するくらいに』褒めてあげましょう。

★ダウン症を改善させる、という概念がないのが現代の常識

ダウン症は、二一番目の染色体異常による生まれつきの疾患で、自閉症スペクトラム、アスペルガー症候群、ＡＤＨＤ（注意欠如多動性障がい）、学習障がい（ＬＤ）などと並んで「知的発達障がい」と言われます。

主な特徴として、学習ホルモンの分泌が弱い、筋肉がつきにくい、顔つきに特徴があり、知的・身体的に成長がゆっくりであることに加え、心臓疾患などの合併症を併発したり、中耳炎や甲状腺の病気になりやすいことなどがあげられます。

スピードはゆっくりですが、普通に高校を卒業する学力程度まで知的に成長できます。私は、ダウン症のお子さんには、大学、その先の大学院まで進学してください、とお伝えしています。

我が子が「ダウン症」と診断されると、親御さんは驚き、ショックを受け、ただその事実を受け入れるしかないのが実情だと思います。

現に、私たちの協会を訪れたダウン症のお子さんを持つ親御さんは、皆さん、診断名を告げる医師の言葉にただ、「そうですか……」と返すのがやっとだった、とおっしゃいます。

診断名がついたところで、特別なす術《すべ》もなく、改善させる治療法はない、というのが医療の常識となっています。ＡＤＨＤなどには一時的に症状を抑える薬もありますが、それはあくまで、多動を抑え、一時的に元気を失わせる「対処療法」であり、根本療法ではありません。

また、薬を長期にわたって服用することで、本来人間が持つ、元気な細胞にさえダメージを与えてしまう可能性もあるのです。

★脳の神経回路を増やせば「知性豊か」となり、ダウン症特有の表情も変わる

ダウン症も、他の知的発達障がいと同じく、「大脳の神経伝達にトラブルが起きた状態」と考えられます。

脳の中ではすべての情報が電気信号に変換されて伝えられます。脳細胞と脳細胞をつないでいる部分をシナプスといいますが、ここでは細胞同士は直接にはつながっていません。

この時、細胞から細胞へ情報を伝達するのが「神経伝達物質」です。具体的にはアセチルコリン、セロトニン、アドレナリン、エンドルフィン、ドーパミンなどです。

これらの神経伝達物質がうまく働かないと、神経回路がつながらず、情報の伝達がスムーズに行きません。

ダウン症は特に、学習ホルモンの分泌が弱いという特性があります。ですから、学習ホルモンが出やすいよう、分泌を促してあげる必要があります。

そのために、ダウン症の場合も、他の知的発達障がいと同じく、脳の神経回路を増やしていくことで学習ホルモンが分泌され、症状は必ず改善できるのです。

それも、ダウン症とわかった時点で、できるだけ早いうち、お子さんが小さな頃から改善指導に取り組めば、取り組むほど、症状が軽くすむのです。

それを行うのは教師でも医師でもありません。お父さん、お母さん、親御さん自身です。お子さんを日々、間近で観察し、お子さんの「できること」「できないこと」「もう少しでできそうなこと」など、**どんな小さな変化、可能性も見逃さずキャッチできる親御さんこそが、お子さんを改善し、可能性を限りなく伸ばすことのできる真の指導者なのです。**

今の医学、心理学、そして学校教育の現場では「ダウン症は改善できない」ことを前提としています。そもそも、ダウン症が改善する、という考えさえ頭の中に浮かんでいないのが実情です。最初から、諦めているのです。はなから「できない子」「成長しない子」とマイナスの視点で見ている親や教師が、子どもの秘めた可能性を伸ばせるはずなどありません。

しかし、私たちには、ダウン症であっても、取り組めば必ずお子さんが改善し、限りなく健常児に近いところまで近づく可能性のあるプログラムがあります。

実際に、エジソン・アインシュタインメソッド（以下EEメソッド）にしっかり取り組んだ方で、「改善しなかった」という方は今まで聞いたことがありません。

私はこの目で、そして、耳で、ダウン症児のお子さんたちが改善した姿を、そして、親御さんたちから喜びの改善事例をたくさん聞いてきました。科学的なエビデンスはさておき、ダウン症のお子さんが驚異的な成長を遂げて改善した、それこそが紛れもない真実なのです。

目の前に、**お子さんを改善させる手段があるのです。**

医学や心理学の常識はさておき、そこに術《すべ》があるのならば、たとえ騙《だま》されたとしても、やってみる価値があると思いませんか？


お子さんの成長は待ってはくれません。

手をこまねいているうちに、刻々と時間は無情にも過ぎていきます。

そして、非情なことに、親は子どもよりも先にあの世に旅立つのが世の常です。その時、我が子が一人で生きることのできない状態だったとしたら、親としては、死んでも死にきれない思いにさいなまれるでしょう。

我が子を「いかに社会に迷惑をかけない人間に育てる」か、それとも「社会に役に立つ人間に育てる」か、あなたはどちらを選びますか？

もし、我が子を将来「社会に役に立つ人間に育てたい」と考えるならば、このEE

メソッドはその思いを実現させる手段になるでしょう。

★改善メソッドを実践してみよう！

私たちエジソン・アインシュタインスクール協会（以下、ＥＥＳ協会）では、ダウン症を含む発達障がい改善のためのプログラムを、ＥＥメソッドと呼んでいます。

まず、改善プログラムをするにあたって、お子さんの現在の状態を客観的に知っておくことが何よりも重要です。

ＥＥメソッドでは、お子さんの発達の度合いを五七六の項目ごとにチェックする独自の「発達検査表」で定期的に調べます。

この発達検査表の「社会面」「言語面」「知覚面」「身体面」の四分野の各項目につ

いて、お子さんができるものには○（まる）、もう少しでできそうなものには△印をつけます。（八〇％できたら○を、八〇％未満の場合は△をつけてもらいます）

できない項目は空欄のままで結構です。絶対に×はつけません。お子さんの可能性に×をつけてはいけないのです。ここで注目するのは、△のついた項目です。

「もう少しでできそうだけれども、まだできていない」、この項目を意識して、その項目を○に近づけることを目指して改善指導を行ってもらうことが重要なのです。

改善指導をする上で大切なのは、コツコツと継続することです。

ある日、突然、しゃべれなかった子が「ママ」と言ってくれたり、トイレでおしっこができなかった子が、ある日、突然、トイレで成功した、などの劇的な改善事例ももちろん、たくさんあります。

しかし、それらの劇的な改善も、ベースとなっているのは、**日々の地道な積み重ね**なのです。一つでも△の項目を○にする、その小さな積み重ねの結果、ある日、「感動的な改善事例」につながるのです。

ＥＥメソッドを実践していただくにあたり、大きな重要ポイントは、**この発達検査表をいかに活用するか、**にかかっています。

この検査表を家の中の壁やトイレなど、「目につくところに貼って、△の項目を特に意識して取り組みを頑張った」とおっしゃる親御さんたちには、必ず、確実にお子さんの変化を実感していただいています。

実際にこの発達検査表を貼って、「毎日欠かさずチェックし、△を○にすることを目標に家庭での改善指導を行った結果、わずか二カ月で三〇個あった△のうち、二八個も○になった！」という七歳のダウン症のお子さんを持つ親御さんからの報告もあるのです。

★改善指導を始めてから変化が現れるまでは約四カ月

私たちの協会に来られるお子さんで、一番小さいお子さんは生後三カ月くらいのダウン症の赤ちゃんです。ダウン症の場合、生まれる前にわかる場合もあります。生まれたらすぐ、スタートすることができます。

また出産した後でも、その特徴的な容貌から気づくこともあります。たいてい、発達障がいの場合、最初に発達の遅れを感じるのが一歳半や三歳児健診の時です。しかし、ＡＤＨＤや自閉症などは五歳前後で協会を訪れるケースがほとんどです。

五歳だと、翌年は小学校入学を控えています。その就学前の健診で「発達の遅れ」を初めて指摘され、あわてて駆け込むケースです。それまでは子どもの発達の遅れや異変に気付かず「大丈夫だろう」とのんびり構えている親御さんが多いのです。

親子面談を受けていただき、その先、実際の改善指導に進む場合は、**四カ月を一つの区切りにして、改善プログラムに取り組んでいただきます。**

もちろん、四カ月という期間は、お子さんの体質を変え、血液の質を変えるための「土台作り」に過ぎません。

一般的に、人間は身体中の血液が入れ替わるのにだいたい四カ月と言われています。この四カ月を経て、そこからお子さんの変化が生まれる場合もありますし、早い方なら、指導から一、二週間で変化を感じられる方もいます。一、二カ月で変化を感じる方、また、四カ月でお子さんの変化を感じられる方など様々です。

ここで大切なのは、お子さんの改善のスピードは一〇〇人いたら、一〇〇通りだということです。皆さんが同じような経過をたどって一律に変化することはありません。中には、四カ月過ぎても、「変化がない」とおっしゃっていた方が、半年過ぎて変化を実感されるケースもあります。

とにかく私がお伝えしたいのは、このメソッドに取り組んでいれば、必ずお子さんは変わる、ということです。

しかし、それを本気でやるのは医者でも教師でもありません。お子さんの一番近くにいて、毎日の小さな変化も見逃さない、本気で取り組む親御さんしかいないのです。

★ダウン症の子どもの可能性を伸ばすための三つの柱

ダウン症のお子さんは、早期に取り組めば取り組むほど、お子さんの可能性を伸ばすことができます。

一章のお子さんたちの改善事例にあげたように、生まれた時はダウン症特有の顔つきでも、必要な栄養素を摂り、改善の指導を行えば、限りなく健常児に近くなる場合があるのです。

顔つきの変化はともかく、症状はぐっと軽く済みます。そして、知的にも、大学、その先の大学院まで進めると、私は親御さんに常々お話ししています。

ダウン症児さんは、感性が敏感です。ダウン症のお子さんを持つ親御さんがよくおっしゃるのは「まるで天使のように優しい子です」という言葉です。

そして、ゆっくりとした動作、おっとりとした気質から「鈍感」のように思われる方もいらっしゃいますが、それは全く違います。

左脳が使えない分、右脳をフルに使いますから五感がきわめて敏感なのです。視覚、聴覚、触覚、味覚、嗅覚……そのすべてを過剰に使って生きているのがダウン症児さ

んなのです。

改善指導を行っていくにあたり、何より必要なのは「お母さん（お父さん）の笑顔」です。EEメソッドに取り組んでいただく際は、必ず笑顔で、楽しそうに、いつもより一オクターブ高い明るい声で行ってください。

お母さんが暗い顔や悲しい顔、怒った顔をしていては、お子さんは敏感に察知して、大きなストレスを感じてしまいます。

そうは言っても、毎日、色々なことが起こりますし、正直、笑顔を作るのが難しいこともあるでしょう。そんな時は無理せず、改善指導はお休みして、お母さん自身が気分転換してリフレッシュすることを楽しんでください。

それでも、お母さんが、「どうしても頑張りたい！」という時は、笑顔を作る練習をしてみましょう。鏡を見ながら口角をあげる練習をするのです。

心から笑わなくてもいいのです。無理にでも笑顔を作る練習をしていると、自然と気持ちが落ち着いて、辛い気持ちも徐々におさまってくるでしょう。

お子さんを改善させるためには、お母さんも演技をする必要があるのです。

実際にEEメソッドでは、次の三つの柱に取り組んでいただくことになります。次の章でそれぞれの項目について詳しく説明していきましょう。

①親の意識改革

②お子さんの体質改善

③超高速「楽」習法で入力

第三章

ダウン症改善の柱①
親の意識改革

マンガで伝える『会員様の改善体験記』⑰　吉岡俊くん（仮名、6歳）

電話でのお喋りが初めてできた！ビックリするような変化が次々と……！！

吉岡さんの改善メソッドの極意

1. トレーニングのやり方を工夫した。
遊び感覚は大切です。カードを好きにさせるのは、改善への早道です。

2. 覚えた言葉を繰り返すのを、いつまでも聞いてあげた。
成果を認めて欲しいのは、誰しも同じです。
認められれば自信に繋がり、次のステップへの意欲も湧きます。

3. 電話もお使いも、無理だと決めつけずに、やらせてみた。
案ずるより産むが易し…ですネ。

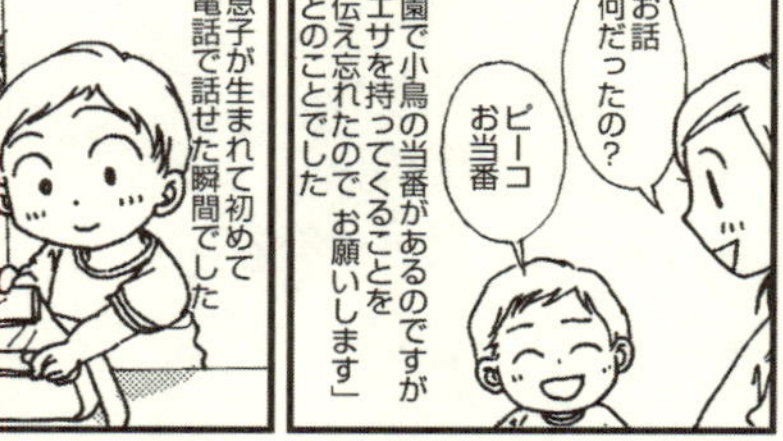

エジソン・アインシュタインメソッド（ＥＥメソッド）は、主に三本の柱から成り立っています。

①親の意識改革
②お子さんの体質改善（血液・血流状態の改善）
③超高速「楽」習法での入力による脳の神経回路の形成

★「ダウン症児が健常児なみに改善することはありえない」という常識を変える

ここでは①親の意識改革について説明していきます。

お子さんの改善指導を行っていくに当たり、一番大切なのは、何より「親の意識」です。では、どのような意識が必要なのでしょうか？

ダウン症のお子さんに対し、「きちんと改善指導をすれば、した分だけ子どもは成長する。時に、限りなく健常児に近い状態まで成長する」ということを知っているお医者さんはいないのが現状でしょう。

発達障がい児を具体的に改善させる術《すべ》がわからないのと同様、ダウン症のお子さんを伸ばす、改善させる、という意識がないのが現在の実情です。

お子さんがダウン症だと宣告された時点で、お医者さんから色々と説明を受けた方も多いと思います。例えば、

「筋肉がつきにくい」

「合併症を併発しやすい」

「知的にゆっくり成長する」……などです。

どれも、事実ですが、大きく見落としている点があります。

それは

「正しく指導すれば、ダウン症のお子さんでも限りなく健常児並みに成長する」という点です。

医者、教師、心理学者、臨床カウンセラー……その誰もが、ダウン症は改善しない、と決めつけて最初から親を諦めさせているのです。最初から「良くならない」「改善しない」ものとして子どもを見ていたら、伸びないのは当たり前です。

ですので、私たちは、医者や教師たちは当てにせず、「家庭での取り組み」をお願いしているのです。

エジソンやアインシュタイン、それに、ダウン症ではありませんが盲目のピアニスト・辻井伸行さんにしても、あれほどまでに特別な才能を開花することができたのはなぜでしょう？

それは一番近くで子どもを見ている親、特にお母さんが、我が子の指導者となって、子どもの可能性を限りなく伸ばすことに努力したからなのです。

ＥＥメソッドは、私たちがお子さんに働きかけるものではありません。お母さん、お父さんが一番の指導者となって我が子に働きかけるのです。我が子を改善させ、限りない可能性を伸ばすことができるのは、一番近くにいる親なのです。

ダウン症であろうと、自閉症などの知的発達障がいであろうと、やるべきことは一緒です。不可能はない。目の前にやるべき手段があるのです。取り組んだ分だけ、必ずお子さんは成長するのです。

そして将来、成長して、「社会に迷惑をかけない人間」に育つばかりか、「社会に貢献する人間」にまで育つのです。だったら、このＥＥメソッドをやってみない手はないと思います。

★子どもとのスキンシップの重要性

テレビや新聞のニュースでは、親子をめぐる悲しい事件も報道される昨今ですが、子どもにとっていつの時代も、自分をそばでいつも見守ってくれて、食事を与えてくれる、安心・安全の象徴である親の存在は何にも代えがたいものです。

特に生まれたばかりの乳幼児にとって、そばにいる大人とのスキンシップ、コミュニケーションがどれだけ成長に影響するか、興味深い実験があります。

遠い昔、神聖ローマ帝国の時代、フリードリヒ二世という王様が、「言葉を教わらないで育った子どもは、果たしてどんな言葉を話すのか」と興味を持ったそうです。

そこで、赤ん坊五〇人を集めて部屋に隔離し、そこで看護師たちに面倒を見させました。その際、看護師たちには、「赤ん坊の目を見てはいけない、笑いかけても語りかけてもいけない」と一切のふれあいを禁じたそうです。
その結果、赤ちゃんはどうなったと思いますか？
何か言葉を話せるようになったでしょうか？

赤ちゃんはミルクなどの栄養はきちんと与えられていたものの、結果的には、全員、死んでしまったそうです。

赤ちゃんに、ミルクを与え、汚れたらオムツを交換し、お風呂に入れ、ぐっすり睡眠を取らせるなど、生きる上での必要な環境を整えても、そこに、身近な大人との「ふれあい」「スキンシップ」がないと、言葉を話せるようにならないばかりか、命さえも落としてしまう結果になるとは、衝撃的な結果だと思いませんか？

赤ちゃんにとって、お母さんやお父さんの暖かな手で身体を触れられたり、明るい声で話しかけられたり、ぎゅっと抱きしめられる行為は、それだけで健やかに成長するための大きな力になるのです。

そして、親から暖かなスキンシップをもらって育った赤ちゃんは、肌からの刺激が脳に伝達され、脳内で成長ホルモンが分泌されることで病気に対する免疫力や抵抗力さえもアップすると言われています。

また一説によると、スキンシップをたくさん受けると、親との愛情が深まり、社会性が高まり、ストレス耐性が上がる。ひいてはＩＱさえもアップするという驚きの情報があります。

安心と信頼感を得ることで、子どもはキレにくく、ストレスに強い子になる。結果、情緒が安定し、知的な面での成長にもつながる……。そのどれもが、昔からの当たり前のことを言っているようで、もっともなことと感じます。

ネグレクトによる育児放棄などのニュースも聞きますが、フリードリヒ二世の実験のように、「無視」は子どもを死にいたらしめるほどの強烈な仕打ちなのです。

★子どもをよく観察する。子どもの可能性を見つけ、伸ばせるのは、親だけです

今は、親の育児放棄や子への虐待など、日々悲しいニュースも多く流れます。学校に対する理不尽なクレームなどを堂々と主張する「モンスターペアレント」という言葉も一時、世間をにぎわせました。

本来の親としての役割、義務を果たさなくなっている親もいるのです。

③親①
②

ここで改めて「親」という漢字の成り立ちを見るとわかるのですが、これは①まず子どもをよくよく「見」ること②自分の経験や知識を高め、人間という「木」を大きく育むこと③その大きな木の上に「立」って、子どもをどこまでも指導するという意味なのです。

そして、それこそが教育的な「親」の役割であったはずなのに、今ではほとんど忘れられているのです。

共働きの両親も増え、お父さんだけでなく、お母さんも日常が忙しくなってしまいました。その結果、子どもをよくよく見つめ、子どものささやかな変化に気付いて、しっかりと家庭で指導できる親が減ってしまったのです。

現在の学校教育は「教育の基本は人格の形成である」と言っていますが、そんな抽象的な定義では、役に立ちません。そんな定義のレベルでは、知的発達障がい児を改善するプログラムはできません。

私は「教育とは、大脳の神経回路を増やしていくプロセスである」と考えています。右脳優位のダウン症のお子さんでも、右脳と左脳をつなげる神経回路が豊かに形成され、その連携がうまく行けば、左脳も発達し、きちんと社会化するのです。

「社会に迷惑をかけない子」でなく「社会に貢献する子」にまで成長できるのです。ただし、それをやるのは「親」です。

我が子の一番近くにいて、お子さんを観察し、①今、お子さんができること②できないこと③もう少しでできそうなことをしっかりと把握し、発達検査表のデータに基づいて家庭で指導すれば、お子さんは短期間で社会化するのです。

そのためにも、**親が子どもの可能性を信じ切る「意識」、脳を活性化させる食事と睡眠（体質改善）、集中して楽しく学べる「超高速楽習法」による入力、この三つの柱が要《かなめ》となってくるのです。**

★夫婦が協力して子どもに向き合う。まずは家庭のパワーをあげる

我が子がダウン症である、と医者から診断された時点で、驚き、そして悲しみのどん底に突き落とされ、中にはパニックになってしまう方もいらっしゃるかもしれません。

我々の協会を訪れる親御さんの中では、我が子に発達の遅れがあるとわかった時点で、それだけで夫婦仲が悪くなってしまった例も多く見てきました。

愛する我が子のために、「何とか良くしたい」その思いはお父さんもお母さんも一緒のはずなのに、何をすれば良いかわからない、それぞれの思いをぶつけ合って喧嘩になってしまう、あげくの果てに……。

夫婦の間で、お互いに色々な思いはあるにせよ、大事なのは、早期に改善指導に取り組むことです。喧嘩をしている場合ではありません。

ダウン症は、幸いにして早期に発見されるケースがほとんどです。中には出生前にわかるケースもあるでしょう。

ですから、ダウン症のお子さんの場合、他の発達障がい以上に、早期発見、早期改善が可能なのです。泣いたり落ち込んでいる時間がもったいないのです。

今、この本を手に取ってくださった瞬間から、お父さん、お母さんが同じ目的を持った「同志」として、お子さんの改善指導に取り組んでください。

一章で取り上げた改善事例にもある通り、「取り組めば、取り組んだ分だけ、お子さんは必ず成長する」のです。

★親同士がお互いに褒めることが習慣化すると、子どもを褒める回数も増え、子どもが劇的に伸びる

家庭教育で一番大事なのは、家庭内のパワーレベルをあげることです。お子さんを褒める以前に、お父さん、お母さんがお互いの良いところを日ごろから口にして褒めることを習慣にしてみてください。

最初は難しいかもしれません。心の中ではお互いに「なにクソ！」と思っていても(笑)、まずは、相手に対して前向きな、明るい言葉をかけ合ってください。これは子どもを褒める練習にもなるのです。

褒める際に気をつけてほしいのは、お互いに「相手の未熟な点」「もう少し頑張っ

てくれたらもっといいのにと思う点」をプラスマインドで伸ばすということです。

例えば、優しさがもう少しあったらいいなと思う時は、

「**お父さん、前より優しくなってきたわね**（まだまだ優しさが足りないですよ）」

と褒め、もう少し家のこと、子どものことに対し協力的であってほしいと思えば
「**お父さん、前より協力的になってきたわね**（もっと協力してね）」

と褒めるのです。

料理の苦手なお母さんには
「**お料理が前より上手になってきたね**（もっと美味しく作ってね）」、

「**前より笑顔が増えてきたね**（もっと笑顔の回数を増やしてね）」

と褒めるのです。

そうすると、相手から言われたキーワードが右脳の意識に残り、いつの間にか行動を変化させます。**褒められると嬉しいのは、子どもだけでなく大人も一緒なのです。**

もっと褒められたい、そのためにもっと努力しようと前向きな気持ちになるのです。

一番大事なのは、

「**前より褒めるのが上手になってきたね**」

の言葉です。不思議なことに、言っている自分の褒める回数が確実に増えます。親同士がお互いに褒めることが習慣化すると、子どもを褒める回数も増え、家庭内のレベルがぐんとアップします。

家での習慣は、一歩外に出た社会でも有効です。お父さんは職場で、部下や上司に対して良い点を見つけ、褒めることが自然にできるようになります。お母さんは地域や学校の集まりで、お友達のお母さんやよその子どものいい点を褒められるようになります。人間関係が良くなります。

褒められて育ったお子さんは、学校で、お友達の良い点を褒めてあげられるようになるのです。これにお金はかかりません。まさに一石二鳥ならぬ三鳥も四鳥にもなる、幸せの連鎖なのです。

★お父さんの仕事はお母さんを笑顔にすること

夫婦が協力して家庭での改善指導に向き合うと言っても、やはり圧倒的に、遅くまで外で働いているお父さんが多いのが実情でしょう。

お父さんとお母さんの協力はもちろん重要ですが、その場合、究極のお父さんの役割は「お母さんを笑顔にすること」です。

共働きの家庭も多いなか、お父さんと同様、外で遅くまで頑張って働いているお母さんもいることでしょう。

それでも、お母さんは家に帰って食事の用意をし、子どもの世話をし、限られた時間をやりくりして、改善指導を行っています。

その場合、お父さんの役割は、日頃、家事、育児に追われている忙しいお母さんを

「笑顔にすること」だと私は常々言っています。

夜、寝る前に、「お母さん、今日も一日お疲れ様」と言って、五分間でいいですから、足をマッサージしてあげたり、肩をもんであげる。

たまの休日は、お父さんがお子さんの面倒を見て、お母さんには一人の時間を与え、少しでも気持ちをリフレッシュしてもらう。

そんなお母さんを気遣うお父さんの気持ちが、お母さんを元気にさせ、笑顔にさせる源になるのです。

もちろん、先ほど述べた「褒め言葉」は、一番手っ取り早くお母さんを笑顔にする方法です。

「お母さん、今日も綺麗だね」「お母さん、いつも輝いているね」「お母さんのことが大好きだよ」など、お母さんの笑顔を思い浮かべながら、「お母さんがきっと喜ぶだろうなぁ」と思う言葉を投げかけてみてあげてください。

最初は恥ずかしいと思いますが、これも練習です。修業です。

たった一言で相手を喜ばせてあげることができるのなら、こんなに手っ取り早い褒め言葉を、かけない手はないでしょう。家庭が天国パラダイスになります。

★笑顔は、何よりもお子さんにとっての最強のサプリメント

家庭内のパワーを上げるためにも、お父さん、お母さんがお互いに褒めあう、と書きましたが、何も褒めるのはパートナーだけでなくても良いのです。鏡を見ながら自分を褒めることでもかまいません。

私どもは、トレーニングセミナーに参加される親御さんに、自分に対し褒めるべき点を見つけ、それを日記に書いてもらう「褒め日記」をお願いしていました。

最初は「パートナーや子どものことさえ褒めるのが難しいのに、ましてや、自分のことなど褒められない」と思うでしょう。

褒めるべき点は何でもいいのです。日頃の取り組みのことや、家庭でのことでもいいのです。例えば「今日は朝から忙しかったけれど、フラッシュカードを五分でもやった自分はエライ！」や「仕事が忙しくて泣きたいような気分になったけれど、家に帰ってからは一呼吸して、笑顔を見せた私は最高」などです。

自分のことを褒められるようになってくると、子どものことも、旦那さん（奥さん）のことも褒められるようになるのです。

人間は誰でも、他人から「認められたい」「褒められたい」欲求があるものです。

★「ありがとう」は魔法の言葉

お互いに夫婦間で褒めあうことに加えて、家庭内のパワーを高める秘訣が、「ありがとう」の一言です。

相手がしてくれた当たり前のことに対して「当たり前」と思うのでなく、声に出して「ありがとう」と言ってみてください。

お父さんが家に帰って来たらお母さんは「今日も一日、お勤めお疲れ様でした。お父さん、ありがとうね」と言ってみる。逆にお父さんは食卓に食事が用意されていたら「今日もご飯を作ってくれてありがとう、お母さん」と。

「ありがとう」は魔法の言葉です。どちらか一方が「ありがとう」と言えば、次第に、相手も「ありがとう」の一言が出てくるようになります。

マイナスの言葉が飛び交うような家庭では、子どもの情緒は不安定になります。

子どもにとって一番の安心は、親との心地よい愛情あふれるスキンシップ、それに、ご両親がお互いを敬い、大切に思いあう家庭環境なのです。

最初は何も心からの言葉でなくても構いません。笑顔の練習と同様、心の中はたとえ嵐でも、家庭内で、愛情あふれる言葉、相手を思いやる言葉、感謝の言葉を口にする練習をしてみるのです。

次第にそれは習慣化され、相手をさげすんだり、ののしったり、見下《みくだ》したりするような発言は少なくなります。

家庭内が愛情あふれる高いパワーで満たされるにつれ、ご家庭が天国パラダイスに変わります。お父さん、お母さんにとっても心地よい場、ひいては敏感なお子さんにとっても、安心して過ごすことのできる「癒しの場」になるのです。

★お子さんを気絶するほど褒めてください

改善指導の中で、私は「何かひとつ小さなことでも、それがちょっとでもできた時、お子さんを気絶するほど褒めてください」とお願いしています。最初はなかなか照れくさくてできない方がほとんどです。気絶するほど褒めるのにも技術と練習が要るのです。

皆さんはこれまで「心から」子どもを褒めてきましたか。

だから子育てに失敗したのです。「心から」褒めるということは、小さく伸びた時小さく褒め、大きく伸びた時大きく褒めることになります。

しかし、子どもが大きく伸びることなど滅多にありません。それでは、子どもを大きく伸ばすことはできません。そこで、褒めるルールを変えるのです。ちょっとでもできたら「気絶するほどに褒める」というルールに変えるのです。

ダウン症のお子さんのように、発育がゆっくりで、成長にハンデがあるお子さんの場合、お母さんが「感動するような変化」がそうたくさん、頻繁に起きるわけではありません。**だから私は「ちょっとしたことでも、お子さんの変化を見つけたらそこを気絶するほど褒めてください」とお願いしているのです。**

これまで私たちの協会に寄せられた改善例でも、気絶するほど子どもを褒めることで、子どもがすっかり自信をつけて、別人のように積極的で前向きに変身してしまうケースが実際にあるのです。

具体的にどうすれば良いかというと、いざ、褒める時のために普段から、褒め言葉の「レパートリー」をたくさん用意しておくのです。そしてそれを「褒め言葉一覧」にして、ここぞとばかりに褒めまくるのです。

褒め言葉一覧

「よく頑張った」「よくやった」「すごい」「うまい」「上手」「たいしたもんだ」「すごい」「素晴らしい」「やればできるじゃない」「さすが」「あっぱれ」「立派」「感動した」「最高」「見事」「素敵」「かっこいい」「賢い」「日本一」「世界一」「天下一」「銀河一」「宇宙一」「グッド・ジョブ」「ワンダフル」「驚いた」「ビックリした」「超一流」「私の誇りだ」「大物」「やった」「エライ」「胸が震える」「胸がいっぱい」「万歳」「しあわせ」「涙が出る」「お利口」「優秀」「名人」「完璧」「鳥肌がたった」「未来の天才くん」「達人」……　など

そして、褒め言葉一覧の上から順に、「よく頑張った！　よくやった！　すごい！　うまい！　上手！　たいしたもんだ！　素晴らしい！」と畳み掛けるようにお子さんを絶賛するのです。親が死にもの狂いで必死に褒めようとすると、途中で酸欠になりますから、それこそ「気絶するほど」褒めることになります。要はそれほど、気合いと根性を入れて子どもを褒めてください、ということです。

これはあくまで、子どもを伸ばすための「技術」と割り切って、親の感情とは切り離して考えてください。

親が演技でも、一生懸命子どもを褒めることで、「もっとお母さん（お父さん）を喜ばせたい」「もっと褒められたい」と、子どもは一生懸命になるのです。

子どもにとって、一番ほしいものは、親からの笑顔と褒め言葉です。しかも、繰り返しになりますが、褒め言葉にはお金は一切、かかりません。かかるのは親の時間とエネルギーだけです。

この「褒め言葉」で、子どもが自分に自信をつけ、ガラッと別人のように変わってしまう可能性を考えたら、安いものです。褒め言葉をケチってはいけません。

第四章

ダウン症（染色体異常）改善の柱②
お子さんの体質改善！

マンガで伝える『会員様の改善体験記』㉓　　棚田大地くん（仮名、2歳）

体に筋肉が付き、知的な変化も！ たったの2週間で、大きな成長を実感する日々

棚田さんの改善メソッドの極意

1. 24時間、常に子どもの観察をしている。
   体調面・精神面両方に細かく注意してあげることが、親子双方の弛まぬ成長に繋がっています。
2. 発達検査表の項目以外にも、独自のチェック項目を設ける。
   その延長線上には、新しい個々の才能を開花させる可能性があります。

鈴木先生のここがポイント！

★ダウン症・染色体異常は学習ホルモンの分泌が弱い……
これを改善することがカギ

女性の社会進出につれて、高齢結婚、高齢出産が当たり前のように増えました。今では、ダウン症のお子さんが生まれる確率が非常に高まっています。

ダウン症は先天性の染色体異常です。人間が持つ二三対のうち、二一番目の染色体に異常があることから起きるものです。

精神や身体面での発達の遅れや、特有の顔立ち、中には先天性心臓疾患などを持って生まれてくる子どももいます。

ダウン症の場合、その特徴的な顔だちから、生まれた時にすぐわかるケースもあります。わかった時点ですぐに改善の取り組みを始めれば、困難は極小化されます。限りなく健常児に近いところまで成長するばかりか、顔つきまで変化することが実証されています。（一七四ページ参照）

ダウン症はホルモン分泌がうまく行かないために免疫力が上がりません。昔はちょとした病気でも亡くなる確率が高いと言われてきました。今では医療の発達によってかつてのように「成人するまで生きられない」ということは、ほとんどなくなりました。

一般的には、「知的に遅れがある」と思われている方も多いと思います。しかし、**私は「ダウン症＝知的な障がい」とはとらえていません。**

実際に、エジソン・アインシュタインスクール協会の提唱するメソッドに取り組まれ、ダウン症のわが子をメキメキと改善させた親御さんも多くいます。その方たちが口々に、「ダウン症は知的障がいではない」とおっしゃっています。

先ほども申した通り、ホルモン分泌の異常が原因で学習ホルモンの分泌が悪いだけなのです。ですから、その学習ホルモンを正しく分泌させるためにも、酸素と脳の栄養素を十分に摂取する必要があります。

そのうえで楽しく集中できる超高速で情報を入力すれば、短時間で記憶力が上がり、

判断力が上がり、学習力が上がり、結果として普通児を超えて、エジソンやアインシュタインなどのような天才性を発揮する可能性だってあるのです。

私の話を初めて聞いた人には信じられないでしょう。しかし、実際に私どもの協会に来て、ＥＥメソッドによる改善指導を行い、我が子が驚くべき成長を遂げた話は、どれも真実の話です。

第一章の改善事例にある話は、いまこの本を読んでくださっているあなたのお子さんにも、十分、起こり得ることなのです。

ただし、その奇跡を起こすのは私たちではありません。

我が子の状態を一番よく知っている親御さんが「これまでの常識」を超えて取り組むしかないのです。

★左脳の神経回路が増えると、ダウン症特有の表情が変わる！
――キャシーちゃん（仮名）、愛乃ちゃんの驚くべきお顔の変化

一般的にダウン症のお子さんの、特徴的な容貌は、一生、変わることがないと思われている方が多いと思います。私もかつてはそういう認識でした。

ところがアメリカのテキサス州に住むダウン症児、キャシーちゃんという女の子の事例を見た時に、その認識は大きく覆されたのです。

キャシーちゃんが九歳の時の写真と一三歳の時の写真があったのです。その顔立ちは明らかに違っていました。

九歳の時の写真は、ダウン症特有の顔立ち――顔がやや平坦で目が少し上がり気味な顔立ち――が強く残っています。

お母さんの話では、九歳から、食生活の中に脳の栄養素、特に糖鎖栄養素を積極的に取り入れたそうです。そして、症状も改善され、学習能力が上がり、カレッジを卒

業するまでに成長しました。

私はその後、テキサス州のダラスで実際にキャッシーちゃんご本人にお会いする機会がありました。

その頃はさらにお顔が変化していて、ダウン症児の面影はほとんどなく、ごく普通の笑顔の可愛いお嬢さんに成長されていました。

次ページの愛乃ちゃんの写真をごらんください。その、お母様からいただいた数枚の写真を見て、私は衝撃を受けました。

愛乃ちゃんの場合、ダウン症がわかったのが、生後一カ月のことでした。ご両親は「まさか」と思ったそうですが、前向きに事実を受け止めたそうです。

お子様の成長を信じて、諦めずに取り組みをしていた二歳の時に、当協会の存在を知りました。

福岡県博多の当協会のオフィスで私の親子面談を受けました。すぐに親のトレーニ

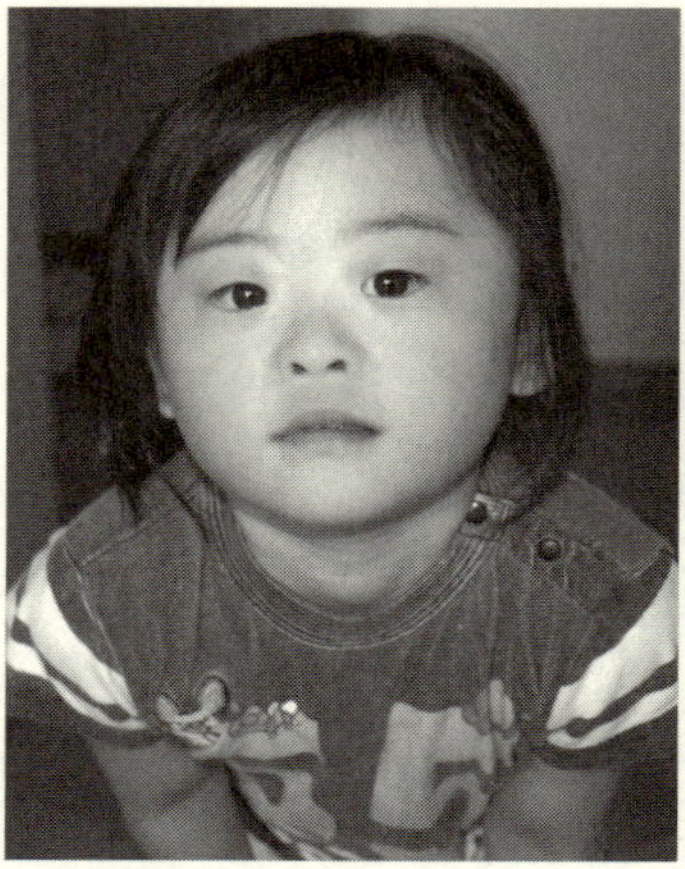

五歳の愛乃ちゃん

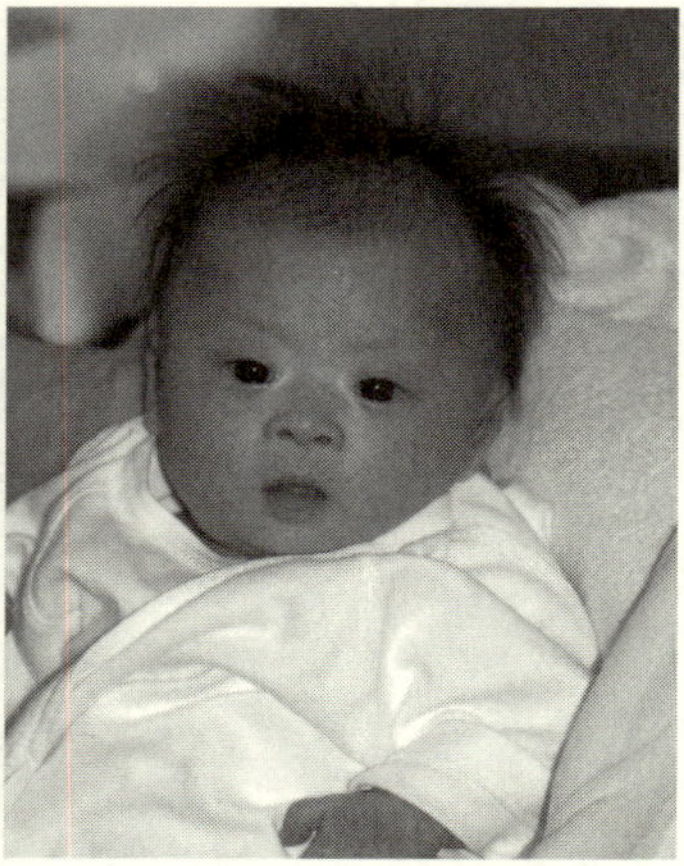

愛乃ちゃん生後一カ月の頃

ングセミナーに参加して、ＥＥメソッドを学びました。

当協会の発達検査表でお子さんの状態をチェックし、そのデータに基づいて、できそうな項目からピンポイントで指導しました。

お父様は小学校の支援クラスの教諭、そしてお母様は薬剤師の資格を持っている専門家たちです。お二人とも職業柄とても理解が早く、「笑顔でなければやってはいけない」というＥＥメソッドの掟《おきて》をしっかり守り、楽しく取り組んだそうです。

★体質改善のポイント。血液の質を高めること、血流をよくすること

次に、ＥＥメソッドの二本目の柱である「体質改善＝血液と血流の改善」についてご説明します。

体質改善とは、ずばり、「血液の質を高め、血流を良くすること」なのです。

知的発達障がいは、お尻やお腹や背中で起きているのではありません。「知的発達障がいは脳で起きている」のです。脳のトラブルなのです。

脳をうごかしているのは血液です。ですから、脳に送り込まれる血液の質を上げ、血流をよくすれば、知的発達障がいは必ず改善するのです。ダウン症児の知的障がいも必ず改善するのです。

人間は動物です。哺乳類の一種です。だから血液で生きています。血液がなければ生きて行けません。特に脳は、心臓に次いで血液を大量に必要とする臓器です。その証拠に、首の頸動脈を五分も止めれば死んでしまいます。

脳は常に、新鮮な血液を大量に必要としているのです。それだけではありません、使い古した血液を速やかに回収しなければ、脳はダメージを受けてしまいます。

すなわち同時に、血流も良くしなければならないのです。

知的発達障がいを持っている子どもたちは、「理性が使えない分、感性を使って」生きています。感性を多用している分だけ五感が過剰に使われ、「敏感」になっているのです。

普通の子どもは「鈍感」です。ですから、普通の子ども以上に、脳で酸素と脳栄養素を消費します。そして、その分だけ老廃物の産出が増加します。

その老廃物を回収してあげないと、頭が重くなったり痛くなってしまいます。脳のストレスです。

脳のストレスが少し増えただけで、感覚が敏感な子どもたちは、すぐに不安定になってしまいます。奇声を上げたり、頭を壁にドンドンぶつけたり、自傷行為をしたり、多動になったりして異常行動を起こすのです。

普通の子どもたちは、鈍感だから、多少のストレスには過剰反応しないので安定しているのです。

ダウン症をはじめ、発達に障がいをお持ちのお子さんは、強く感じるストレスによって血液の流れが悪くなったり、血液の質が悪化することがあります。

お子さんの状態をよく見てください。

●**便の状態が悪い**(便秘がち、下痢気味、オナラが臭い)

●**呼吸が浅い**(すぐに欠伸《あくび》をする、運動能力が低い)

●**睡眠が浅い**(ゴロンゴロンする、頻繁に目が覚める)

●**手足が冷たい**(低体温、体温が三七℃以下、頭が熱い)

●**偏食**(好き嫌いが強い、好きなものしか食べない)

●**少食**(あまり噛まない、食べ遊びをする)

このような状態はありませんか。これらの項目が、血液の質や、血流の低下と関係しています。

★小腸をきれいにすることが栄養吸収に最も大切

ところで、人間が生命活動を維持するには、栄養が必要です。**その栄養を吸収する臓器が小腸なのです。**大腸ではありません。小腸の内側は、ひだ状になっており、そこを絨毛状の突起が覆っています。その突起で栄養を吸収しているのです。

電子顕微鏡で数百倍に拡大してみると、この絨毛上の突起の周囲に汚れが見えます。それが、胎便です。胎便とは、母親のおなかの中にいた胎児期に蓄積したものです。すなわち、母親の体液のカスです。具体的にいうと、母親の食べたもののカス、血液のカス、胆汁の残り、羊水の汚れなどです。

新生児の場合、胎便は体重の一〇％前後あります。早く外しましょう。どうすれば良いのかというと、一〇〇％純粋なフラクトオリゴ糖を二〇ccぐらい飲むことです。

五歳児以下の場合は五時間以内で出ることが多いのです。

五歳過ぎた場合は、朝、昼と二回ぐらい取ってください。きっと午後に出ます。土曜日に試してください。日曜日は調整日です。

胎便が小腸に沢山残っていると、栄養吸収が妨げられます。すると、血液の質が良くなりませんので、色々なところに悪影響が出はじめます。当然、成長にとってはダメージです。脳の成長や発達にもダメージです。

お産婆さんは、胎便を外す知恵をもっていました。昔は野菜食が普通でした。母親が、日ごろから食物繊維を十分に摂っていたのです。

だから、母乳の中にフラクトオリゴ糖が十分に含まれており、生まれた赤ちゃんはすぐに、緑色の胎便すなわち緑便を出したのです。

しかし、食事が欧米化している今は野菜不足です。胎便を出さないままで、小腸を汚したまま、便秘や下痢になっている子どもが増えているのです。

実は、知的発達障がいの原因の一つは、食生活の質の低下なのです。

大人の場合でも、断食道場などで数日間断食して腸のクリーニングをすると、最後に、人によっては真っ黒でベタベタのタールのような便が出ることがあります。これが胎便なのです。

胎便が出た後は、小腸の絨毛がクリーニングされて本来の栄養吸収力を発揮しますから、血液の質も上がり、健康な体がつくられます。そうすると、内臓全体の働きも良くなって、脳の働きも良くなるのです。

日頃から、食物繊維の多い食事を摂って、腸の状態を良好に保つことが健康の基本です。特に、知的発達障がい児においては、重要な取り組みなのです。

フラクトオリゴ糖がたくさん含まれている食材として、ゴボウや玉ねぎなどの食物繊維を多く含む野菜があげられます。

第五章

ダウン症（染色体異常）改善の柱③

『超高速「楽」習法』で短時間に楽しく学習する

★人間は神様じゃない

人間は動物の一種、けだものです。絶対に神様ではありません。生物学上の分類では、哺乳類の仲間です。チンパンジーやオランウータンと同じ霊長類とされています。地球上に現在、約四～五千種の哺乳類がいます。その中で人間の身体は、大きい方ではありません。陸上で、一番大きいのはアフリカ象です。体重は五～一〇トンあります。海中では、シロナガスクジラ。体重は一〇〇～一五〇トンです。

日本人の成人の場合、男女を含めて体重は五〇～七〇キログラムです。平均で六〇キログラム。体細胞は六〇兆個といわれています。アフリカ象の百数十分の一、シロナガスクジラの千数百分の一です。何と小さいことでしょう。

実は、この小さい人間が、地球上の「食物連鎖」の頂点に立ってます。食物連鎖というのは「食べたり、食べられたりする関係」をいいます。

すなわち世界で一番危険で獰猛《どうもう》な生物は人間なのです。その人間が七〇数億人となり、活発に行動するため、地球環境が短時間に急激に破壊されているのです。

人間は愚かにも、自分の首を自分で絞めているのです。このままでは、人類の滅亡はそう遠くはありません。そうさせないための仕組みが必要です。

★地球の未来を考えることができるのは人間しかいない

地球のことを考えることができるのは、人間しかいません。チンパンジーやオランウータンには無理です。ましてや鳥類や爬虫類や昆虫類にも無理です。

その人間が世界中で、自分のことしか考えないで行動しているために、地球環境の破壊が急激に進んでいるのです。

そろそろ、人間は一人ひとり、自分の生き方を考え直してもいいのではないでしょうか？　そろそろ、過去と現在を反省してもいいのではないでしょうか？　そろそろ、地球と人類の未来のことも考えながら、残りの人生を送ってもいいのではないでしょうか？

★今、なぜエジソン・アインシュタインスクール協会なのか

そう考えて、二〇〇八年二月四日に無限責任中間法人「地球脳力開発事業団(global ability development organization=gado)」を設立しました。

地球と人類の未来のことを考えて行動する未来のリーダーを、子どもたちの中から育てようと考えたのです。

二〇〇九年十一月三〇日の法律改正に伴い、同十二月一日から法人格を一般社団法人「エジソン・アインシュタインスクール協会」に変更しました。

そして同時に、この名称を特許庁にも登録しようと考えました。でも、特許庁に登録を申請した時に、一度目は断られました。理由は「エジソンとアインシュタイン」という超有名人の名前を安易に二人も使っているからということでした。

偉人伝を読むと、この二人とも、知的障がい児だったということがわかります。エジソンは一足す一が理解できずに、教師から「お前の頭は腐っている」と言われ、それがキッカケで不登校になり、小学校を一年生の三カ月で中退しています。

日本が誇る松下幸之助さんは、中学校中退です。さすが世界の発明王エジソンは、一けたも二ケタも違う。

アインシュタインは、幼少時、言葉の遅い子だったとされています。そして、学習障がい児。得意な学科は、抜群に成績が良いのですが、不得意な学科は、目も当てられないくらいダメだったそうです。

学生時代は、とても大変だったようです。そして、社会人としての第一歩は、なんと臨時職員でした。

しかし誰もが知るように、知的障がい児だった二人が、地球と人類の歴史を変えるほどの社会貢献をしたのです。

だから、「エジソン・アインシュタイン」という名称は、私たちの活動のイメージにぴったりなのです。

そこで諦めず、まさに不屈の精神で、特許庁に審査に対する不服申し立てをしました。すると何と、奇跡が起きました。

そうです、許可されたのです。ラッキー。

★教育の再定義＝大脳における神経回路の形成

なぜ、体の小さなちっぽけな人間が、地球上の食物連鎖の頂点に立つことができたのでしょうか？　それには理由があります。

人間は動物の一種ですが、実は「ある重要な特徴」を持つ動物なのです。それは、**「考える」動物なのです。**

考えるという行為を、他のどんな生物よりも、広く深くできるのです。だから、体は小さくても、地球上で大活躍できるのです。

この「考えるという」機能は、どこで行われているでしょうか。それは、「脳」です。

人間の脳は、他の生物に比べて、一番進化しています。脳の大きさも一番です。日本人の成人の脳は、一四〇〇グラム～一五〇〇グラムあるとされています。チンパンジーが四五〇グラム前後、オランウータンは七五〇グラム前後です。

オランウータンとはマレー語で「森の人」という意味です。つまり、人間の脳が今の半分だったら、森から出られなかったのです

森から草原に出ることによって人間は、直立二足歩行をメインにしました。それによって二本の腕を自由に利用し、石や枝などを道具として使うことができました。火を扱うことも覚えました。

直立二足歩行により、のどの構造が変化し、いろいろな声が出るようになり、その組み合わせで、複雑に意思を表し、コミュニケーションが進化しました。

つまり、脳に入力される刺激が増え、それによって脳の神経回路の形成が促進され、脳の密度が高まり、結果として脳の質が進化し、脳の重さも増えたのです。

多くの教育者に「教育とは何ですか」と尋ねると、ほとんどの教育者は「人格の形成」とか「社会性の涵養」などと答えます。

こんな抽象的で哲学的なレベルでは、具体的な知的障がい児の教育プログラムはできません。今こそ、具体的な「教育の再定義」が必要なのです。

ＥＥメソッドにおける教育の概念とは、**「脳における神経回路の形成」**のことです。

つまり、脳の神経回路を一つでも多く作ることができれば、その分だけは脳の質が向上し、教育が促進し、改善するということになります。

ＥＥメソッドは脳にスポットライトを当てたプログラムなのです。

独自に開発した発達検査表を使います。子どもを一番理解している親がデータを細かくチェックします。子どもの伸びる可能性に向かってピンポイントで、大脳生理学に沿って取り組むのです。だから、どんな子どもでも短時間に伸びるのです。

ＥＥメソッドは科学的なのです。

★神経伝達物質（アセチルコリン）が不足すると脳は動かない

ですから、神経伝達物質（アセチルコリン）の分泌が不足すると、十分に伝達できなくなるのです。なぜ、神経伝達物質（アセチルコリン）が不足するかというと、それは、余計に使うからです。なぜ、余計に使うかというと、脳が過剰反応するからです。なぜ、過剰反応するかというと、敏感すぎるからです。

つまり、敏感な子どもが学習できないのは、神経伝達物質（アセチルコリン）の不足が大きな原因のひとつなのです。

★糖鎖もないと神経回路はつながらない

では、神経伝達物質（アセチルコリン）を増やせばよいかというと、それだけでは不十分です。

神経伝達物質（アセチルコリン）が分泌されたら、それをキャッチしなければ回路は完成しません。

電子顕微鏡の発達によって、細胞膜に産毛状のものがびっしり付いていることがわかりました。

それを解析した結果、八種類の糖蛋白の鎖状の組み合わせでできていることがわかりました。それが「糖鎖」です。糖鎖の研究で一番有名な人、それがノーベル化学賞受賞者の田中耕一さんです。

この糖鎖は、脳内では微量しか産生しません。でも、知的障がい児はとても敏感です。すぐに使い切ってしまいます。だから、学習が継続しないのです。学習についていけずに「落ちこぼれる」のです。

大阪大学大学院医学系研究科の大谷直之教授も「脳だって糖鎖がないと働かない」と科学雑誌のニュートンで語っています。

★家庭こそ奇跡の学校

知的障がいとダウン症とは直接には関係しないのです。ダウン症というのは二一番の染色体の異常なのです。それによって、ホルモン分泌が不安定になります。つまり、学習ホルモンの分泌が不足するのです。

同じ刺激を受けたのでは、神経回路の形成が不十分です。それが、顔の表情に現れたのが、いわゆるダウン症児に特有の表情なのです。

実は、リゾレシチンや糖鎖栄養素を十分に摂取すると、ドーパミン、セラトニン、エンドルフィン、ギャバなどの学習ホルモンの分泌が増えることが判明しています。でも、教育者たちはこのことに気づいていません。それは、今の教育の中に「脳の栄養学」が欠落しているからです。

ですから、保育園、幼稚園、療育機関、小学校、支援学校などの既存の教育機関では奇跡は起きません。

奇跡を起こせるのは、唯一家庭です。**「家庭こそ奇跡の学校」**なのです。それは、お父さんお母さんが、わが子の可能性を信じて、ＥＥメソッドを取り組めば、すぐに効果が表れるからです。

★ダウン症児は学習が苦手＝染色体異常による学習ホルモン分泌の不足が原因だった！

ダウン症児（染色体異常児）は通常、知的発達障がいを伴っています。それは、染色体異常によってホルモン分泌が異常になるからです。ホルモン分泌の異常によって、ホルモンバランスも不安定になります。

成長ホルモンの分泌が悪いので、身体の発達が遅れます。同時に、学習ホルモンの分泌も悪いので学習能力も伸びません。そのため学習遅滞、学習困難となります。

ホルモンバランスが不安定になると、脳の成長も不安定になります。**脳の成長が遅れると、理性脳である左脳の発達も遅れます。その遅れをカバーしようとして、感覚脳である右脳を多用します。その結果、右脳がますます発達し、感覚はますます鋭くなります。**

★強いストレスを感じることによる脳の炎症＝脳のアレルギー反応

感覚が鋭くなった分、ストレスを脳で必要以上に感じやすくなります。ストレスを強く感じると、脳内の色々な部分で炎症を起こします。すると、その炎症を修復するために、血液が集まります。血液が集まって滞ると、異常行動が始まります。

風邪を引いた時、頭が痛くなる経験をした人は多いと思います。脳内で炎症を起こして痛みを感じているのです。その炎症を治すために、治療薬としてタミフルを飲む人がいます。すると中には、窓から飛び出す人が出ます。異常行動です。

酒を飲んだ時に、頭が痛くなる経験をした人も多いと思います。それは飲み過ぎたのです。飲み過ぎて、脳で炎症を起こしたのです。さらに飲み続けると、酒乱や、笑い上戸や、泣き上戸になる人がいます。場合によっては、記憶を失う人がいます。

つまり、脳のどの部分で炎症を起こしているのか、脳のどの部分に血液が滞るかで、異常行動が特定されるのです。

★左脳と右脳をつなぐ脳梁がカギ

脳の場合、左脳と右脳をつないでいる「脳梁」という部分に血液が溜まりやすいのです。脳梁とは脳の中央に位置し、約二億本から三億五千万本の極々細い神経線維でできています。とても繊細です。

脳梁で少しでも強いストレスを感じるとすぐに炎症を起こします。いったん炎症が起きると、その部分を修復するために血液が集まり、血液の滞留が生じるのです。

すなわち、脳の真ん中に血液の壁ができます。すると、左脳と右脳は連携できなくなります。

子どもは、右脳の本能で行動します。左脳の理性でコントロールすることができません。つまり多動です。

言語野（右脳）と運動野（左脳）が連携しないので、言いたいことがあっても上手く言えません。口の運動が伴わないので、上手く喋れません。

そこで、奇声を上げることになります。頭を壁にゴンゴン打ちつけ、自傷行為をします。

言語コミュニケーションができないため、ボディランゲージの一種であるクレーン現象を起こします。それでは、社会化は困難です。

★魚の油（EPAとDHA）で脳の炎症が消える

次頁の写真を見てください。

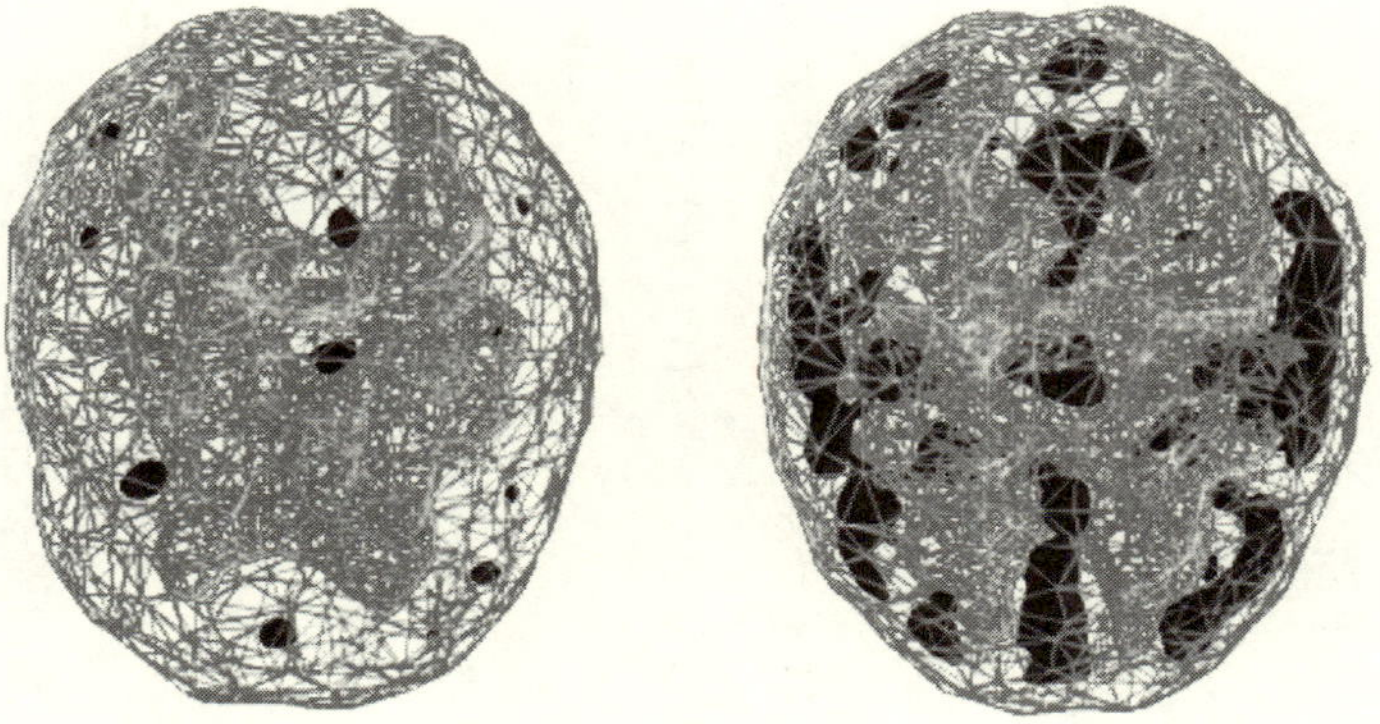

フィッシュオイルを飲む前。
血流が滞っている部分がある。

フィッシュオイルを飲んだ後。
血流が滞っている部分がほとんど消え、血液がスムーズに流れている。

それが、ＥＰＡとＤＨＡを豊富に含む魚の油、すなわちフィッシュオイルを、一日一五グラム八週間取ったら、脳の炎症が消えたのです。問題行動もほとんど消えたと、アメリカの研究所から報告が来ています。

知的障がいは病気ではない＝脳の状態つまり、知的発達障がいは病気ではないのです。ですから、病院に行っても治りません。世界中の多くの医者も治らないと言っています。

でも私に言わせれば、知的障がい＝脳のトラブルです。ですから親が子どもに、

①何を食べさせ、
②どう深く眠らせ、
③どのように刺激を与えるかで変わるのです。

★「超高速楽習」は感覚が敏感過ぎる子どもに対する学習法

第一の柱である「親の意識改革」、第二の「子どもの体質改善」ができたら、第三の柱は「超高速楽習」です。

敏感過ぎる子どもに「ゆっくり繰り返し」をやってはいけません。敏感過ぎるのですから、じっと待てません。

何かを教えようとすると、じっと見ていられません。たまたま視野に何か動くものが入ってくると、それに気を取られてしまいます。何かの音でも聞こえたら、その音に気が取られてしまいます。

子どもの目はめまぐるしく動きます。窓を見ます。天井を見ます。壁を見ます。床を見ます。そうやって、学習という脳の運動をするわけですから、脳はすぐに疲れてしまいます。得た知識は、混乱しています。それではまともなコミュニケーションはできません。

そういう過剰反応する、敏感過ぎるお子さんに向いているのは、「超高速楽習法」です。超高速ですから、取り組みに時間がかかりません。繰り返しができます。取り戻しができます。

超高速に情報を入力すると、集中力が高まり、記憶力が増し、判断力が出ます。すなわち、学習力が強化されるのです。

しかも、学習内容は中学校の内容を含みます。ということは、幼いダウン症児に高校受験の準備がはじまるということです。すごーい！

★超高速学習カードで情報をどんどん入力できる

たとえば、エジソン・アインシュタインスクール協会が考案し作成した、左のような特殊なカードを使います。

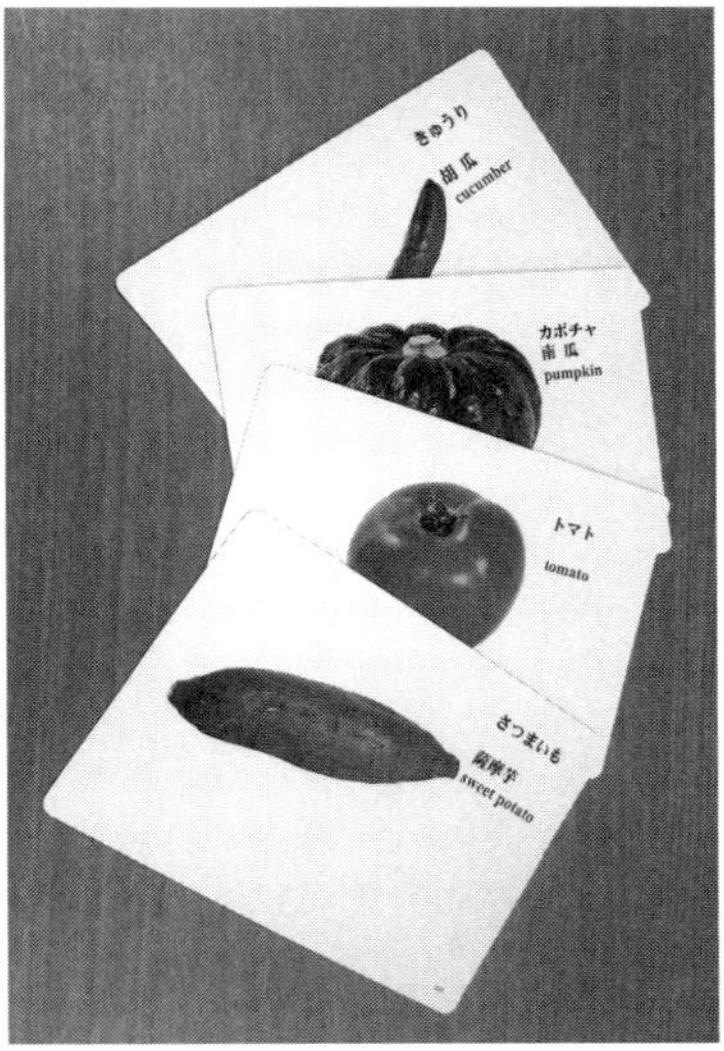

このカードの絵の右上に、①ひらがなと②カタカナと③漢字と④英語が書かれています。カードを超高速にフラッシュしているうちに、これらの情報が入力されます。

一六〇〇枚のカードです。

一六〇〇の漢字が読めれば、中学一年

のレベルを超えます。一六〇〇の英語が認識できれば、高校一年のレベルを超えます。

ということで、冒頭でご紹介したように、ダウン症児のお子さんが県立の普通高校に合格したのです。

★ダウン症児を大学院に進学させる親の会が発足しました

最近、ダウン症児のお子さんが、ＥＥメソッドを家庭で実践することで、短期的に飛躍的に改善し、小学校の普通クラスに入学するケースが増えてきました。

再三ご紹介しますが、ダウン症という困難を乗り越えて、県立の普通高校に合格し、さらに大学をめざすお子さんもいます。

どの子も、この世に「使命」を持って生まれてきます。その使命をより良く果たし、未来貢献できるようにすることが「本当の成功」です。

ダウン症児を抱えていない他の親御さんも、子どもをよく観察して、「わが子の使命」をよりよく果たし、未来貢献できる人間に育てるように、家庭教育の充実を図ってほしいと願っています。

このたび、「ダウン症児を大学院に進学させる親の会」が発足しました。

ご無理を承知の上で、広島県で支援学級の教諭をしている福永篤先生に会長就任をお願いしたところ、校長先生のご承認をいただくことでき、気持ちよく引き受けていただけることになりました。心より感謝します。

鈴木昭平

福永篤先生からのメッセージ

娘が生まれてきた時、天使が舞い降りてきた喜びと「どのように育っていくのか」という不安とが入り混じっていました。

笑顔いっぱいで寝返りやハイハイをして、順調に育ってはいるものの、成長がゆっくりな娘は、年を重ねるにつれて周りの子どもたちとの差がだんだん大きくなってきました。

「ダウン症児は育てたように育つから」という思いはあったものの、「この差をどう埋めていけばいいのか」という、具体的な育て方がわからず、不安が大きくなってきた二歳の時にエジソン・アインシュタインスクール協会と出会いました。

鈴木先生の個人面談を受けると、「この子は大学院に行けます」と笑顔でおっしゃってくださいました。

その時、二歳の娘は鈴木先生が超高速でフラッシュした二〇枚のドッツカードをくい入るように見ました。すごい集中力です。その直後、二〇枚の絵カードの中から選ばれた四枚のうち、どれも正しく当てることができました。

その様子を見て、「このＥＥメソッドにかけてみよう」と決心しました。


それから三年、鈴木先生に会うたびに、「この子は笑顔が良いですね」「大学院に行けます」と言ってくださっていました。

「大学に進学して自立してほしい」と願っていた私たちにとって、心強い一言でした。

それからは、鈴木先生の個人レッスンと家庭学習を積み重ねたことで、順調に成長しています。

夢がかなって来春からは、小学校の普通級に進学します。毎月、鈴木先生の個人レッスンを引き続き受けて入学に備えています。

以前からそうでしたが、レッスンを受けるたびにビックリするくらい大きく成長しています。

慣れ親しんだ六年間の一般の保育園での生活を終えて、新しく小学校での集団生活が始まります。不安なこともたくさんありますが、通常学級でスムーズに学習させていただけるように学校側と話をしています。

娘の成長を実感している私たち夫婦は、自信を持って通常学級への入級を進めています。

「ダウン症児は早く発見できる」ので、改善のスタートが早いのです。いろいろ不安に思っているご夫婦が多いと思いますが、ダウン症＝知的障害ではないのです。

体質改善をしっかり行い、子どもに合った学習方法で取り組めば、十分に改善するのです。

私自身、小学校の特別支援学級の担任をしています。日々子どもたちと向き合っていて「大脳生理学に基づいたエジソン・アインシュタインメソッドをしっかり取り入れて楽しく学習することができたら、もっと改善するんだけど」と思うことが多くあります。

子どもの未来を考えた親の強い思いで、子どもが大きく変わるのです。楽な道のりではないと思いますが、仲間がいることで安心できることも多いと思います。

一緒に歩んでいきませんか。

福永　篤

〈連絡先〉

ダウン症児を大学院に進学させる親の会
一般財団法人 子どもの未来支援機構（旧災害遺児未来財団）内
〒一一四－〇〇一四 東京都北区田端六－三－一八 ビラカミムラ四〇二
電話 〇三（五八三二）九二六五　ＦＡＸ 〇三（五八三二）九二四一
メールアドレス info@kodomo-shienn.or.jp
URL:http://kodomo-shienn.or.jp

ダウン症児こそ大学院をめざせ！

著　者　鈴木昭平
発行者　真船美保子
発行所　KK ロングセラーズ
東京都新宿区高田馬場 2-1-2　〒 169-0075
電話（03）3204-5161(代)　振替 00120-7-145737
http://www.kklong.co.jp
印　刷　(株)暁印刷
製　本　(株)難波製本

落丁・乱丁はお取り替えいたします。
ISBN978-4-8454-2373-6　C0030
Printed In Japan 2015